语名句

本书编写组 ◎ 编

JINGJING XIAOYUAN
JINGPIN DUWU
CONGSHU

JINGYU MINGJU

人生有涯而学海无涯。学子以有限的人生通晓万物是根本不可能的，但校园之中采英撷要，广见识，记精要，不失为精明学子为学之道。

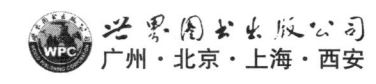

世界图书出版公司
广州·北京·上海·西安

图书在版编目（CIP）数据

警语名句/《菁菁校园精品读物丛书》编委会编．—广州：广东世界图书出版公司，2009.6（2024.2重印）
（菁菁校园精品读物丛书）
ISBN 978-7-5100-0690-6

Ⅰ．警… Ⅱ．菁… Ⅲ．警句—汇编—世界—青少年读物 Ⅳ．H033-49

中国版本图书馆 CIP 数据核字（2009）第 102974 号

书　　名	警语名句 JINGYU MINGJU
编　　者	《菁菁校园精品读物丛书》编委会
责任编辑	韩海霞
装帧设计	三棵树设计工作组
出版发行	世界图书出版有限公司　世界图书出版广东有限公司
地　　址	广州市海珠区新港西路大江冲 25 号
邮　　编	510300
电　　话	020-84452179
网　　址	http://www.gdst.com.cn
邮　　箱	wpc_gdst@163.com
经　　销	新华书店
印　　刷	唐山富达印务有限公司
开　　本	787mm×1092mm　1/16
印　　张	10
字　　数	120 千字
版　　次	2009 年 6 月第 1 版　2024 年 2 月第 10 次印刷
国际书号	ISBN　978-7-5100-0690-6
定　　价	48.00 元

版权所有　翻印必究
（如有印装错误，请与出版社联系）

前 言

读书可以陶冶性情，可以博采知识，可以增长才干，使人开茅塞、除鄙见、得新知、养性灵。书中有着广阔的世界，书中有着永世不朽的精神，虽然沧海桑田，物换星移，但书籍永远是新的。阅读撼人心弦的高贵作品，就如同亲炙伟大性灵的教化，吸收超越生老病死的智慧，把目光投向更广阔的时空，让心灵沟通过去和未来、已知和未知。

世纪老人冰心说过一句话——"读书好，好读书，读好书。"读一本好书，可以使人心灵充实，使人明辨是非，使人充满爱心，使人行为文明、礼仪规范；相反，如果读一本坏书，则可能使人变得心胸狭窄、不知羞耻、自私残暴。

我们为什么而读书？大体有四种情况：一是为读书而读书，没有明显的目的；二是为了考上一所好大学；三是为了古人所说的"修身养性"；四是为了中华民族的伟大复兴。

在这四种人中，第一种人是最可怜的，因其无理想、无奋斗目标。没有理想的人犹如无源之水、无本之木。在青少年时代就没有人生理想，这是最可怕的。第二种人目标明确，父母花了大价钱将其送进中学，就是为了考个好大学，将来奔个好前程。古人所说的"书中自有黄金屋，书中自有颜如玉"，应是这类人的追求目标。第三种人读书，是为了"修身养性"。儒家曾把人生奋斗的目标定为三个层面七个字——"修身、齐家、平天下"。所谓"修身"，就是陶冶个人情操、培养个人品质，做社会的一个优秀分子；所谓"齐家"，就是说管理好家庭，甚至家族；所谓"平天下"，就是说你若能"修好身、齐好家"，那么就把你的才华进一步发扬光大，用来治理社会，为社会做贡献。"修身"是儒家人为自己定的最基本的人生标准。这种境界也是相当不错的。第四种人读书，乃为立志成为社会的栋梁之材。约一个世纪以前，有一位南开中学的学生在回答老师为什么而读书的时候，充满自信地说出"为中华之崛起而读书"的誓言,并用毕生心智去实现他的诺言,赢得了全中国乃至世界人民的敬重和爱戴——他,就是我们敬爱的周恩来总理。

事实证明,读书决定一个人的修养和境界,关系一个民族的素质和力量,影响一个国家的前途和命运。一个不读书的人、不读书的民族,是没有希望的。

亲爱的同学,若你热爱生命的话,那就认真读书吧!书籍是全人类智慧的结晶,是人类进步的阶梯,书籍可以帮助你跟上时代的步伐,实现创新的梦想。"半亩方塘一鉴开,天光云影共徘徊。问渠哪得清如许,为有源头活水来。"通过读书,可以让你掌握知识、增强本领、敢于创新,可以给你智慧、勇敢和温暖,可以使你成为知识的富翁和精神的巨人,成为我们伟大祖国21世纪高素质的建设者。

目 录
MuLu

A	……………………………………………	1
B	……………………………………………	4
C	……………………………………………	14
D	……………………………………………	20
E	……………………………………………	28
F	……………………………………………	29
G	……………………………………………	39
H	……………………………………………	45
J	……………………………………………	50
K	……………………………………………	66
L	……………………………………………	68
M	……………………………………………	74

N	82
P	87
Q	89
R	96
S	107
T	122
W	126
X	134
Y	140
Z	149

A

夫哀莫大于心死，而人死亦次之。

——《庄子·田子方》

[释义]最悲哀的事情莫过于思想顽钝，麻木不仁到不能自拔，相比之下，死亡就显得次要了。

爱博而情不专。

——《与陈给事书》

[释义]爱好太多了，就难以对某一方面专心。

爱出者爱反，福往者福来。

——《群书治要·贾子》

[释义]你热爱别人，别人就会热爱你；你为别人创造过幸福，别人也会为你的幸福帮忙。

爱其人者，爱其屋上乌；憎其人者，憎其余胥。

——《六韬·逸文》

[释义]爱那个人，而连带地爱护停留在他屋上的乌鸦；憎恶那个人，连带地憎恶他的仆人、随从。比喻人如果只凭自己的好恶看人，必然会产生偏见。

爱亲者不敢恶于人，敬亲者不敢慢于人。

——《孝经·天子章》

[释义]爱自己的老人，就不敢对别人的老人不好；敬爱自己的老人，就不敢怠慢别人的老人。

爱人不以理，适是害人；恶人不以理，适是害己。

——《伯子文集》

[释义]如果不是出于正理去爱一个人，正是害了人；要是不以公心去憎恶别人，正是自己害自己。

爱人者，人恒爱之；敬人者，人恒敬之。

——《孟子·离娄下》

[释义]爱人的人，别人总是爱他；尊敬人的人，别人总是尊敬他。你怎样对待别人，别人也会用同样

的方法对待你。

爱人者不阿,憎人者不害,爱恶各以其正,治之至也。
——《商君书·慎法》

[释义]对我所喜爱的人公正不徇私不阿附,对我所憎恶的人不去陷害他,爱与厌恶都应遵循此道,这就是治国的最高境界。

爱而不知其恶,憎而遂忘其善。
——《贞观政要·封建》

[释义]爱一个人,往往不知道他的缺点;憎恶一个人,经常忽略掉他的长处。

爱之不以道,适所以害之也。
——《资治通鉴》

[释义]如果不以正道爱人,那正是害了他。

爱之则不觉其过,恶之则不觉其善。
——《后汉书·爰延传》

[释义]喜欢一个人就不容易看到他的过失,讨厌一个人就往往看不到他的长处。

安而不忘危,存而不忘亡,治而不忘乱。
——《易经·系辞下》

[释义]太平时不忘危难困苦,生存时不要忘记灭亡的危险,国家安定时不忘发生政变的可能。

安宁勿懈堕,有事不迫遽。
——《昌言》

[释义]平安时不放松警惕,事情发生时不要慌乱。

安求一时誉,当期千载知。
——《寄滁州欧阳永叔》

[释义]怎能只求得一时的荣誉,应当求得流芳后世才对。

安危在是非,不在于强弱。
——《韩非子·安危》

[释义]安全还是危险不决定于你的强大还是弱小,而决定于你的作为是否正义。

安无忘危,存无忘亡。
——《大戴礼记·武王几铭》

[释义]平安的时候不要忘记还会发生危险,生存的时候不要忘记还会发生危亡。

安逸,道之贼也。
——《今世说》

[释义]贪图安逸是讲德修业的大敌。

暗箭伤人,其深次骨;人之怨

之,亦必次骨。

——《逸言》

[释义]用暗箭伤害别人,能深刺入骨;人们怨恨这种人,也会恨入骨髓。

昂昂独负青云志,下看金玉不如泥。

——《喜弟淑再至为长歌》

[释义]胸有壮志的人,在他们的眼里,金玉连泥土都不如。

昂昂千里,泛泛不作水中凫。

——《水调歌头》

[释义]要做那日驰千里的骏马,不做水中浮沉的鸭子。

骄傲人不如者,必浅人;疑人不肖者,必小人。

——《西岩赘语》

[释义]骄傲自满认为别人不如自己的人,必定是浅薄的人;怀疑别人不贤的人,必定是不正派的人。

B

白璧求善价,明珠难暗投。
———《儒上难为超》

[释义]比喻有才能的人一定可以得到重用。

白圭玷可灭,黄金诺不轻。
———《座右铭》

[释义]白玉上的污点还可以磨掉,唯独许下诺言,就应当像黄金那样贵重。比喻说话要讲信用。

白日莫闲过,青春不再来。
———《少年行》

[释义]不要虚度时光,青春不会重聚来过。

白日所为,夜来省己,是恶当惊,是善当喜。
———《养正遗规》

[释义]夜里反省自己在白天的所作所为,干了不正确的事应当警觉,做了好事应当高兴。

白头如新,倾盖如故。
———《狱中上梁王书》

[释义]志趣不合的人在一起相处到老,仍然像新交一样;志同道合的人在路上初遇就跟老朋友一般。

百尺竿头须进步,十方世界是全身。
———《景德传灯录·湖南长沙景岑号招贤大师》

[释义]人不要满足于已取得的成就,还要继续努力,不断进取。

百川东到海,何时复西归;少壮不努力,老大徒伤悲。
———《汉乐府·长歌行》

[释义]时间像江河东流入海,一去不复返;人在年轻时不努力学习,年龄大了一事无成,那就只好悲伤、后悔。

百川赴海返潮易,一叶报秋归树难。
———《始见二毛》

[释义]百川赴海回潮是容易

的,但秋叶落下后就很难再回到树上了。比喻青春一去不复返了。

百虑输一忘,百巧输一诚。
——《任运》

[释义]考虑百次有一次忽略也可能失败,有百般机巧缺乏真诚也难得成功。

百岁能几日,忍不惜光阴。
——《赠李蒙叟》

[释义]人生在世,就是活到百岁也像一瞬即过,岂有不珍惜光阴的道理!

百年养不足,一日毁有余。
——《王文公文集》

[释义]培养自己的品德是很难的,但堕落是很容易的。

百心不可以得一人,一心可得百人。
——《意林·子思子》

[释义]比喻对待别人应当诚心诚意。

败莫败于不自知!
——《吕氏春秋·自知》

[释义]人最大的失败在于没有自知之明。

败莫败于多私。
——《素书》

[释义]没有比私欲太盛更能导致一个人走向失败的了。

谤议之言,难用褒贬。
——《为徐宣议陈矫下令》

[释义]诽谤的言论,难以用来评论人们的好坏。

谤之无实者,付之勿辩可矣;谤之有因者,非自修弗能止。
——《十驾斋养新录·止谤》

[释义]人家诽谤你而不符合事实,无须辩解;如果诽谤事出有因,就非自修不可了。

饱暖非天降,赖尔筋与力。
——《田家》

[释义]衣食不是天上掉下来的,要靠你的辛勤劳动。

抱火厝之积薪之下而寝其上,火未及燃,因谓之安,偷安者也。
——《新书·数宁》

[释义]把火放在柴堆下面,而人睡在上面,火未烧起来自以为很安全,这就叫做偷安。比喻偷安潜伏着极大的危险。

卑贱贫穷,非士之耻也。
——《说苑·立节》

[释义]一个人既无地位又无金钱,并不是他的耻辱。

本不正者末必倚。

——《说苑·建本》

[释义]如果本源不正,其末必然是歪的。

本以势力交,势尽交情止。

——《感兴》

[释义]把交情建立在势力的基础上,一旦势力尽竭,友情也就随着结束了。

笨鸟先飞早入林。

——《陈母教子》

[释义]比喻才力差的人做事赶先一步就可以走在别人前面。

必备物而后动,盖所以为慎重也。

——《新唐书·仪卫志》

[释义]所谓慎重行事,就是做了充分准备之后再行动。

必得之事不足赖也;必诺之言不足信也。

——《管子·形势》

[释义]认为一定能成功的事是靠不住的;答应一定能办到的话是不可轻信的。

必有忍,其乃有济;有容,德乃大。

——《尚书·君陈》

[释义]能忍耐,就可办成事情;宽宏大量,就有高尚的道德。

币厚言甘,古人所畏也。

——《资治通鉴·晋纪》

[释义]送来的礼物很多,说的话又非常入耳,这是古人最警惕的事。

辩通有辞者,患在多言。

——《意林·吕言》

[释义]善于玩弄辞藻的人,其忧患在于说话过多。

辩者,求服人心也,非屈人口也。

——《论衡》

[释义]辩论是使人心里服帖,而不是使人口头屈服。

冰壶玉尺,纤尘弗污。

——《元史·黄溍传》

[释义]像冰壶玉尺这样的物品,灰尘是无法弄脏它们的。比喻心灵高洁的人,可以抵御外界的污染。

冰炭不同器,日月不并明。

——《盐铁论·刺复》

[释义]冰和炭(火)不能放在同一容器里,太阳和月亮不能同时照亮大地。

兵不如者,勿与挑战;粟不如者,勿与持久。

——《战国策·楚策》

[释义]兵力不如对方,不要主动挑起战争;粮食不如对方充足,不要打持久战。

兵贵胜,不贵久。

——《孙子兵法·作战篇》

[释义]用兵作战贵在速胜,不宜久拖。

兵可千日而不用,不可一日而不备。

——《南史·陈暄传》

[释义]军队可以闲置一千日不作战,但不可以一天而不准备。

秉纲而目自张,执本而末自从。

——《物理论》

[释义]抓住总绳,渔网的眼就自然张开;抓住根本,其末节就会跟上来。

病莫大于不闻过,辱莫大于不知耻。

——《文中子》

[释义]最大的毛病是听不进批评自己的错误,最大的耻辱是不知羞耻。

伯乐不可欺以马,君子不可欺以人。

——《荀子·君道》

[释义]只有伯乐最了解什么样的马是骏马,只有道德高尚的人才能知道什么样的人是君子。

伯乐相马,取之于瘦;圣人相士,取之于疏。

——《意林·周生烈子》

[释义]伯乐看马,是从瘦马中挑选良马;才德高尚的人,是从与自己疏远的人中挑选有知识的贤良人士。

博学而不穷,笃行而不倦。

——《礼记·学记》

[释义]博求学问而不知停止;切实地去做而不知倦怠。

博学而笃志,切问而近思。

——《论语·子张》

[释义]学习要广博,意志要笃诚,恳切地向别人请教,并且要勤于思考。

博学切问,所以广知。

——《素书》

[释义]广泛地学习恳切地求教,所以才有丰富的知识。

薄于朋友者,薄亲戚之渐也。
　　　　　——《今世说》

[释义]对朋友薄情少义,也就慢慢对自己的亲戚薄情少义了。

不备不虞,不可以师。
　　　　——《左传·隐公五年》

[释义]不能预料事情发展的前景,又无准备,就不能出师。

不倍兵以攻弱,不恃众以轻敌。
　　　　　　——《将诫》

[释义]不因兵力多而攻击弱者,不依仗人多而轻视敌人。

不宝金玉,而忠信以为宝。
　　　　　——《礼记·儒行》

[释义]人不应当把金玉当作最珍贵的东西,而应当把忠诚守信当作最珍贵的东西。

不饱食以终日,不弃功于寸阴。
　　　　　——《抱朴子·勖学》

[释义]不要饱食终日无所用心,不要忽视一分一秒的工夫。

不蔽人之美,不言人之恶。
　　　　——《意林·韩非子》

[释义]不要掩盖别人的优点,也不要议论人家的缺点。

不藏怒焉,不宿怨焉。
　　　　——《孟子·万章上》

[释义]不怀恨于心,不留蓄其怨。

不乘人于利,不迫人于险。
　　　　　——《新序·杂事》

[释义]高尚的人从不钻人家的空子,也不会在人有危难之时整人家。

不耻不若人,何若人有?
　　　　——《孟子·尽心上》

[释义]自己不如别人,还不知道羞耻,怎能赶上别人呢?

不登高山,不知天之高也;不临深溪,不知地之厚也。
　　　　　——《荀子·劝学》

[释义]比喻不身临其境,就不知道它的真实情况。

不涸泽而渔,不焚林而猎。
　　　　——《淮南子·主术训》

[释义]不把池水汲干捕鱼,不焚烧树林后猎取野兽。比喻不能只图眼前利益,不作长久打算。

不管人责,但求自尺。
　　　　　——《西岩赘语》

[释义]不管别人的责备对还

是不对，只求自己尽到责任就行了。

不恒其德，无所容也。

——《易经·咸传·恒》

[释义]人不能永远保持自己的高尚品德，就会招来人家的猜疑，这样的人就不能立身在世间了。

不厚其栋，不能任重。

——《国语·鲁语》

[释义]不加厚大梁，它就不能撑住房屋的重量。比喻对人才不加以培养，就不能胜任大业。

不患人不知，惟患学不至。

——《诫儿侄八百字》

[释义]不怕别人不知道，就怕自己的学问不到家。

不患人之不己知，患不知人也。

——《论语·子路》

[释义]不怕人家不了解自己，而怕自己不了解别人。

不积跬步，无以至千里；不积小流，无以成江海。

——《荀子·劝学》

[释义]如不半步地积累起来，就不能到达千里的路程；不聚汇细小的溪流，就不能成为广阔的江海。

不加功于无用，不损财于无谓。

——《汉书·杨玉孙传》

[释义]不在无用的事情上用功夫，不在无意义的事情上耗费钱财。

不骄方能师人之长，而自成其学。

——《论学者不当骄人》

[释义]不骄傲才能学习别人的长处，从而促进自己学习的成功。

不教而诛谓之虐。

——《汉书·董仲舒传》

[释义]事先不加以教育，不指明什么是错误的，一旦触犯就处罚或杀掉，这叫做暴虐。

不矜细行，终累大德。

——《尚书·旅獒》

[释义]小事情上不知检点，终有一天会损害你的大德。

不敬他人，是自不敬也。

——《旧唐书·文苑传》

[释义]不尊敬别人，就是自己不尊敬自己。

不可以律己之律律人。

——《牧民忠告》卷下

[释义]不能用衡量自己的标准去要求别人。

不能胜寸心,安能胜苍穹?

——清·龚自珍

[释义]如果连自己的心都抑制不住,还怎能战胜外物呢?

不能受谏,安能谏人。

——《十驾斋养新录·通鉴多采善言》

[释义]不能接受别人的批评,还怎能批评别人呢?

不能则学,疑则问。

——《曾子·制言》

[释义]不懂的就要学,有疑问的就要请教。

不能正其身,如正人何?

——《论语·子路》

[释义]自己的品德不端正,怎么能端正别人的呢?

不念居安思危,戒奢以俭;斯以伐根而求木茂,塞源而欲流长也。

——《论语·公冶长》

[释义]如果不在安乐时想想危难,以崇尚节俭来戒除奢侈,这就好像是砍伐树的根而要求树木茂盛,阻塞流水的源头而希望流水长远。

不迁怒,不贰过。

——《论语·雍也》

[释义]不将对一个人的怒气转到另一个的头上,也不重犯一种错误。

不强交,不苟绝。

——《文中子》

[释义]朋友之交不可勉强,也不随便与人绝交。

不勤于始,将悔于终。

——《贞观政要·尊敬师傅》

[释义]做一件事开始不勤奋,到最后必然会后悔。

不取于人谓之富,不屈于人谓之贵。

——《贞观政要·尊敬师傅》

[释义]不需要取得别人的东西,就叫做富有;不屈服于别人,就叫做高贵。

不让古人是谓有志,不让今人是谓有无量。

——《格言联璧·持躬类》

[释义]不拜倒在古人面前叫做有志,对待当世人不谦虚叫做没

有度量。

不慎其前而悔其后，虽悔，何及。

——《说苑》

[释义]事前不谨慎而事后懊悔，即使懊悔，哪里还来得及呢？

不师者，废学之渐也。

——《说苑》

[释义]不向老师学习，这等于开始渐渐地放弃对学问的追求。

不思而立言，不知而定交，吾其惮也。

——《鹿门隐书六十篇》

[释义]不经过思考就发表言论，不充分了解就交朋友，这是我最怕的事情。

不私而天下自公。

——《忠经·广至理章》

[释义]居上位的人如果能秉公办事，天下自然也就奉公守法了。

不忘久德，不思久怨。

——《孔子家语·颜回》

[释义]不要忘记过去的恩德，也不要耿耿于旧的私怨。

不为近重施，不为远遗恩。

——汉·桓宽《盐铁论·地广》

[释义]不因为是自己的亲近就给以重赏；也不因为与自己疏远就忘掉给人恩惠。

不为难易变节，不为安危革行。

——《政要论·臣不易》

[释义]不因为艰难或容易而改变自己的志向；也不因为安然或危险而改变自己的行为。

不为穷变节，不为贱易志。

——《盐铁论·地广》

[释义]不因为生活的贫困而改变自己的节操，不因为地位的低贱而变更自己的志向。

不侮矜寡，不畏疆御。

——《诗经》

[释义]不欺压孤苦无依的人，也不畏惧强暴势力。

不先正本而成忧于末也。

——《说苑·建本》

[释义]不先把根本弄好，成了事实才忧虑，已经迟了。

不祥在于恶闻己过。

——《尉缭子》

[释义]不吉利就是在于不愿听别人指出自己的错误。

不学蒲柳凋,贞心常自保。

——《慈姥竹》

[释义]不要像蒲花柳絮那样随风飘荡,应当永远保住自己坚贞的节操。

不学桃李花,乱向春风落。

——《双槿树》

[释义]不要像桃花、李花那样,虽然开得很早,但也谢得很快。

不学问者,学必不进。

——《父师善诱法》

[释义]学习不勤于请教别人,学业就无法进步。

不以爱之而苟善,不以恶之而苟非。

——《父师善诱法》

[释义]不因喜爱而无根据地赞扬人,不因憎恶而随便非议人。

不以利交则无咎。

——《薛文清公读书录·交友》

[释义]交友不以利益为基础,就不会犯错误。

不以隐约而弗务,不以康乐而加思。

——《典论·论文》

[释义]不应当由于处于困境就放弃自己的事业,也不应当由于处境优越,就产生杂念而改变自己的志向。

不义而强,其毙甚速。

——《典论·论文》

[释义]靠着不义的手段强盛起来的,其灭亡一定很迅速。

不诱于誉,不恐于诽。

——《荀子·非十二子》

[释义]不受虚名的引诱,不怕别人的诽谤。

不遇至刻之人,不知忠厚之善。

——《史典·愿体集》

[释义]不遇上最苛刻的人,就不知忠厚之可贵。

不知而言,不智;知而不言,不忠。

——《韩非子·初见秦》

[释义]不知道而信口开河,不是明智的表现;知道了却闭口不讲,这是没有尽心竭力。

不知而自以为知,百祸之宗也。

——《吕氏春秋·谨听》

[释义]不知道而自以为知道,这是多种祸患的根源。

不知戒,后必有,恨后遂过不肯悔,逸夫多进。

——《荀子·成相》

[释义]不知警惕,还要重犯错误;拒绝规劝,坚持错误,必然让坏人钻空子。

不知其人视其友。

——《史记·冯唐列传》

[释义]不了解这个人,可以看他结交的朋友。义同"物以类聚,人以群分"。

不知音,莫语要。

——《三字诀》

[释义]对不是知心的人,不要把秘密告诉他。

不蹶于山,而蹶于垤。山者大,故人顺之;垤者小,故人易之也。

——《韩非子》

[释义]人不在山上跌倒,却会在土堆上摔跤。因为山高大,所以人能谨慎地顺应地势,因为土堆矮小,所以人会疏忽它。

不足生于无度。

——《孔子家语·五刑解》

[释义]财用不足,产生于挥霍无度。

不作威,不作福,靡有后羞。

——《史记·三王世家》

[释义]不依仗地位和权势耍威风,逞霸道,就不会在以后遭到羞辱。

布令信而不食言。

——《说苑·政理》

[释义]发布的命令要守信用而不要说话不算数。

C

才饱身自贵,巷荒门岂贫。

——《题韦承总吴王故城下幽居》

[释义]富有才能的人,他的生命是富有价值的;就是身处简陋的居所,也不是贫困的表现。

才不称不可居其位,职不称不可食其禄。

——《蕉窗日记》

[释义]才能不称职就不要占据那个职位,既然不称职,就不要拿那个薪俸。

才者,德之资也;德者,才之帅也。

——《资治通鉴·周纪》

[释义]才是德的凭借,德是才的统帅。

财上分明大丈夫。

——《秋胡戏妻》

[释义]在如何对待钱财上,最容易识别是否是真正的男子汉。

采玉者破石拔玉,选士者弃恶取善。

——《论衡·累害》

[释义]开采玉的人,要劈开石块取出玉来;选拔贤人也要抛弃他的缺点,取他的优点。

仓库实,知礼节;国多财,远者来;衣食足,知荣辱。

——《管子》

[释义]说明物质文明是精神文明的基础。

沧海混漾,不以含垢累其无涯之广。

——《傅喻》

[释义]茫茫无际的大海,并不因为里面含有脏东西,而影响它的广大。比喻对人不要求全责备。

草茅弗去,则害禾谷。

——《管子·明法》

[释义]害草不除就会妨害庄

稼的生长。比喻除恶或克服缺点应该及时。

差若毫厘,谬以千里。
——《礼记·经解》

[释义]开始时有很小的差误,若不及时纠正,最后就会犯千万大的错误。

谗口成铄金,沉舟由积羽。
——《述志》

[释义]说坏话的人多了,会使金属为之熔化;羽毛虽轻,堆积多了也会把船压沉。比喻谣言多了可以混淆是非,坏事虽小如果积累下去,便会产生严重后果。

谗言三至,慈母不亲。
——《当墙欲高行》

[释义]谗言进三次,即使是慈母都会对你疏远。

谄谀我者,吾贼也。
——《荀子·修身》

[释义]恭维我的人,就是害我的人。

长短不饰,以情自竭,若是则可谓直士矣。
——《荀子·不苟》

[释义]不隐瞒自己的优缺点,对实际情况从不掩饰,这样便可称为坦直的人了。

长堤溃蚁穴,君子慎其微。
——《书座右二章》

[释义]千里大堤常常由于蚂蚁在那儿做穴而倒塌,因此君子应当防微杜渐,谨慎行事。

长袖善舞,多钱善贾。
——《荀子·不苟》

[释义]袖子长有利于起舞,钱多有利于做生意。比喻做事有所凭借,便容易成功。

常将有日思无日,莫待无时想有时。
——《张太岳文集》

[释义]在富裕时要想到贫困的时节;不要等到贫困时再沉迷于对富裕时的回忆。

常闻夸大言,下顾皆细萍。
——《张太岳文集》

[释义]常常看见吹牛皮的人,他们的行为就像浮萍那样被水冲走了。

常玉不琢,不成文章;君子不学,不成其德。
——《汉书·董仲舒传》

[释义]普通的玉,不经过雕琢就不会有华美的色彩和花纹;人不

学习,就不会有美德。

朝无争臣则不知过,国无达士则不闻善。

——《汉书·萧望之传》

[释义]朝廷里没有敢于直谏的大臣,则国王便不知自己的过错;国家没有通达事理的人,就听不到至理名言。

巢林宜择木,结友使心晓。

——《相逢行》

[释义]鸟儿选窝应当有所选择,交朋友理应对对方了解。

称人之善,我有一善,又何妒焉?

——《呻吟语·补遗》

[释义]称颂他人之长处,我自己就有了一条长处,又有什么值得妒忌的呢?

成大功者,不小苛。

——《说苑·政理》

[释义]能成就大事业的人,对小事从不苛求。

诚无垢,思无辱。

——《说苑·敬慎篇》

[释义]为人诚实,办事善于思考,就不会遭受羞辱。

诚信者,即其心易知。

——《臣轨下·诚信章》

[释义]诚实忠信的人,他的心是容易了解的。

诚之所感触处皆通。

——《青箱杂记》

[释义]以诚心待人,就会使人感动,所以触及任何地方,都会把事情办成。

乘人之危,非仁也。

——《后汉书·盖勋列传》

[释义]趁别人遇难的时候,而去要挟、侵害人家,这不是有道德的人所能干出来的。

惩病克寿,矜壮死暴。

——《敬戒》

[释义]对疾病知道警惕的就能长寿,自以为壮健无恙却会突然死亡。

尺有所短,寸有所长;物有所不足,智有所不明。

——《敬戒》

[释义]尺虽比寸长,但和更长的东西相比,就显得短;寸虽比尺短,但和更短的东西相比,就显得长;事物总有它的不足之处,智者也总有不明智的地方。

侈恶之大,俭为共德。
——《度关山》

[释义]最大的罪过是奢侈,共同的美德是节俭。

侈而无节,则不可赡。
——《汉书·严安传》

[释义]奢侈无度而没有节制,就不可能充裕。

侈言无验,虽丽非经。
——《蜀都赋》

[释义]如果说了大话而不兑现,话语虽然漂亮,但却没有任何作用。

耻辱者,勇之决也;立名者,行之极也。
——《报任安书》

[释义]如何对待耻辱,是判断一个人是否勇敢的标准;树立好的名声,是品行最高的准则。

崇让则人不争。
——《忠经·广至理章》

[释义]如果待人能谦虚相让,人家也就不会与你争高低了。

宠位不足以尊我,而卑贱不足以卑己。
——《潜夫论·论荣》

[释义]地位高贵不足以为荣,地位低下不自以为卑贱。

宠邪信惑,近佞好谀。
——《至惑》

[释义]喜欢邪恶的人必然相信假的东西,亲近溜须拍马的人一定喜欢人家吹捧他。

宠子未有不骄,骄子未有不败。
——《古文观止》

[释义]溺爱的子女没有不骄横的,这样的子女没有不败坏的。

抽薪止沸,剪草除根。
——《为侯景叛移梁朝文》

[释义]要止住水的沸腾,必须从灶中抽去柴火;要使杂草不再抽芽生长,应当把它连根拔掉。比喻除害应除根,不留后患。

除害在于敢断,得众在于下人。
——《尉缭子·十二陵》

[释义]消除祸害在于果敢善断,能得众心在于谦恭待人。

处患难者勿为怨天尤人之言;处贵显者勿为矜己傲人之言。
——《十驾斋养新录·文人勿相轻》

[释义]当你身处厄难之时,不要怨天尤人;当你飞黄腾达之时,也不要夸耀自己,贬低别人。

处明者不见暗中一物,处暗者能见明中区事。

——《关尹子》

[释义]身在明处的人不能看见暗处的一个东西;而身处暗处的人,连明处一点点东西都能看得一清二楚。

处身而当逸者,则志不广。

——《孔子家语》

[释义]处身安逸的人,志向不广大。

处世忌太洁,圣人贵藏辉。

——《沐浴子》

[释义]待人处事不要过于苛刻,最聪明的人贵在不夸耀自己。

处事以智,不如守正。

——《西岩赘语》

[释义]处事喜欢耍聪明,不如谨守正道。

处逸乐而欲不放,居贫苦而志不倦。

——《论衡》

[释义]处舒适欢乐之境不放纵欲望;处贫困艰苦之时不懈怠斗志。

船到江心补漏迟。

——《救风尘》

[释义]船到江心才补漏洞岂不太晚了?说明事前没有充分准备,等到灾难临头时,再补救也来不及了。

传闻之事,恒多失实。

——《后汉书·臧宫列传》

[释义]传闻的事,常常与事实不符。

辍者无功,耕怠者无获也。

——《盐铁论》

[释义]做事中途停止的不会成功,种地偷懒的人不会有收获。

聪明睿智,守之以愚;功被天下,守之以让。

——《孔子家语·三恕》

[释义]具有聪明才智和远见的人,不要自以为聪明;立了大功的人,也不要居功自傲。

聪者听于无声,明者见于无形。

——《史记》

[释义]听觉灵敏的人,人家未说之前已经耳有所闻了;目光锐利的人,在事物还未出现之前,就已

经觉察到了。说明智者透彻事理，富于先见之明。

从来好事天生俭，自古瓜儿苦后甜。

——《喜来春》

[释义]从来好事就很少，自古以来瓜儿都是先苦后甜。说明任何理想的实现，都要经过波折和努力，才能得到实现。

从善如登，从恶如崩。

——《国语·周语》

[释义]为善如登山之难，为恶如山崩那么快。

从善则有誉，改过则无咎。

——《贞观政要·教戒太子诸王》

[释义]见了别人的优点努力学，就会得到人们的称赞；改正自己的过失，就不会有灾祸。

D

达士志寥廓,所在能忘机。
——《古意》

[释义]通达的人有远大的志向,从不把无谓之事放在心上。

大德灭小怨,道也。
——《左传·定公五年》

[释义]人即对我有大恩,则不计其小怨,这原是正确的道理。

大海波涛浅,小人方寸深。
——《感寓》

[释义]和小人的心比,大海也算是浅的了。大海还有枯干见底的时候,而小人城府极深,到死也无法知道了他的心。

大鹏不可笼,大椿不可植。
——《李翰林白》

[释义]把鲲鹏关在笼子里是不行的,在用木板围起来的地方栽种大椿是不能成活的。

大山之高,非一石也,累卑然后高。
——《晏子春秋·内篇谏下》

[释义]比喻积少可以成多,循序渐进可以攀登高峰。

大其心,容天下之物;虚其心,受天下之善。
——《呻吟语·补遗》

[释义]要胸襟宽广,虚怀若谷,虚心接受好的意见。

大行不顾细谨,大礼不辞小让。
——《呻吟语·补遗》

[释义]办大事不必顾虑细枝末节,行大礼不必计较琐细的礼貌。

大音希声,大象无形。
——《道德经》

[释义]最大的声音听不见,最大的形象没有形象,即有无相生,虚而为实之意。

大勇若怯,大智若愚。

——《贺欧阳少师致仕启》

[释义]勇敢的人表面上很怯懦,有才智的人不露才华,表面上好像很愚笨。说明真正有才能的人最懂得谦虚。

大直若屈,大巧若拙,大辩若讷。

——《道德经》

[释义]最正直的人表面委屈迁就,真正灵巧的人表面好像很笨拙,真正有辩才的人,表面上说话不利索。

大志非才不就,大才非学不成。

——《训子语》

[释义]没有才,宏伟的志向就不能实现;不学习,就不能成大才。

待己者,当于无过中求有过;待人者,当于有过中求无过。

——《养正遗规》

[释义]对待自己,要在自以为没有错误中找出错误,对待别人则反之。

但当循理,不可使气。

——《养正遗规》

[释义]待人接物,都应该依照道理,不能意气办事。

但攻吾过,毋议人非。

——《不乱说》

[释义]只是努力克服自己的缺点,不要议论别人的是非。指多做自我批评,不要眼睛只盯着别人。

但立直标,终无曲影。

——《旧唐书》

[释义]只要立的是笔直的标杆,就不会出现弯曲的影子。

但使忠贞在,甘从玉石焚。

——《剑展下判官相招以诗答之》

[释义]只要能保住忠贞的品格,就是像玉石那样同时焚毁,也是心甘情愿的。

当断不断,反受其乱。

——《史记》

[释义]应当作出决断时而不决断,最后反而给自己招来祸害。

当厄之施,甘于时雨;伤心之语,毒于阴冰。

——《至正》

[释义]在人家穷困时给予帮助,比及时雨还要甘美;刺痛人心的语言,比阴冷的冰害处更大。

谠言则听,谄言不听。
——《至正》

[释义]正直的言论就听,巴结奉承的话就不听。

盗言善,君子诚取之,取其人盗而言非盗也。
——《养正遗规》

[释义]盗贼说的是正理,君子也应加以采纳,虽然他是盗贼,但说的并不是"盗"。

道不同,不相为谋。
——《养正遗规》

[释义]人们的政治主张不同,就不必相互商量事情。

道德当身,故不以物惑。
——《养正遗规》

[释义]如果自己道德高尚,就不会被外界不正的东西所迷惑。

道虽迩,不行不至;事虽小,不为不成。
——《荀子·修身》

[释义]道路尽管很近,如果不迈出脚步,也是不能走到的;事情虽然很小,要是不去做,也不能成功。

道听而途说,德之弃也。
——《论语·阳货》

[释义]听见路上的流言,就到处传播,这是有德行的人应该摒弃的作风。

道险不在广,十步能摧轮。
——《孟东野诗集·偶作》

[释义]险恶的道路不在于是否宽大,就是走十步路也会翻车。比喻人应当常常提高警惕,谨防后患。

得道多助,失道寡助。
——《孟子·公孙丑下》

[释义]合乎正义的就能得到更多人的帮助,不合乎正义的得到的帮助就很少。

得全者昌,失全者亡。
——《上书谏吴王》

[释义]行为完美无瑕的人,他的事业必然兴旺发达;行为不端正的人就会招致灭亡。

得人者,卑而不可胜。
——《管子·侈靡》

[释义]得人心的人,即使地位卑下,也是不可战胜的。

得人者兴,失人者崩。
——《史记·商君列传》

[释义]得人心的人就兴旺,失掉人心的就会垮台。

得失一朝,而荣辱千载。

——《后汉书》

[释义]得和失是暂时的,荣和辱则是长久的。

得时无怠,时不再来。

——《国语·越语》

[释义]有了时间就不要耽误,要抓紧做事,过去的时光是不会再来的。

得言不可以不察。

——《吕氏春秋·察传》

[释义]听别人传来的话不能不加以思考分析。

得罪由己招,本性易然诺。

——《见道至伊水》

[释义]过错全由自己招来,人的本性容易许诺。

德比于上,欲比于下。

——《傅子·仁论篇》

[释义]德行上应该和比自己高的比,对生活上的要求要和不如自己的人比。

德不孤,必有邻。

——《论语·里仁》

[释义]有德的人不会孤单,一定有人来和他做朋友。

德不优者,不能怀远;才不大才,不能博见。

——《论衡·别通》

[释义]品德不高尚的人,不会有远大的理想;才能不大的人,不会有广博的见识。

德胜才,谓之君子;才胜德,谓之小人。

——《论衡·别通》

[释义]德行胜过才能,叫做君子;才能胜过德行,就叫做小人。

德行广大而守以恭者荣。

——《说苑·法诫》

[释义]品德高尚的人能保持谦虚,就会永远立于不败之地。

登峻者戒在于穷高,济深者祸生于舟重。

——《抱朴子·博喻》

[释义]登高的人要防止爬得太高以免摔下来,渡深水的人发生灾祸在于船重。

邓林千里,不能无偏枯之木。

——《抱朴子·博喻》

[释义]在一大片森林里,不可能没有枯木。比喻对人不可求全责备。

堤溃蚁孔,气泄针芒。

——《后汉书·陈忠列传》

[释义]一个小小的蚂蚁窝可以使堤坝被水冲毁,一个小小的针眼可以使气全部泄出。比喻小不防则引出大祸害。

敌不可易,时不可失。

——《战国策·秦策》

[释义]敌人不可以轻视,时机不可以错过。

敌存而惧,敌去而舞,废备自盈,只益为愈。

——《敌戒》

[释义]敌人在就恐惧,敌人离去就高兴,放松戒备,骄傲自满,这只能给自己千万危害。

敌存灭祸,敌去召过。

——《敌戒》

[释义]敌人存在,可以使人提高警惕,免除祸害;敌人离去,容易使人麻痹大意,招来过失。

砥砺岂必多,一璧胜万珉。

——《慎交图》

[释义]比喻交朋友不在多,而贵交挚友。

钓名沽誉,眩世炫俗,由君子观之,皆所不取也。

——《豫让论》

[释义]沽名钓誉,迷惑世人,夸耀于社会,这在君子看来,都是不足取的。

跌而不振,则悔之亡及了。

——《汉书·晁错传》

[释义]一受到挫折就消沉颓废,将来必有来不及后悔的时候。

东隅已逝,桑榆非晚。

——《滕王阁序》

[释义]在早晨失去的东西,晚上再补回来还来得及。比喻初虽有失,如做补救终会成功。

动人以言,所感已浅;言又不切,人谁肯怀?

——《新唐书》

[释义]用言词去打动别人,人家的感受本来就不会深,话说得再不恳切,谁还肯把它放在心上呢?

动则三思,虑而后行。

——《三国志·魏书·杨阜传》

[释义]做任何事情,都必须经过周密的考虑,要三思而后行,不能莽撞行事。

独柯不成树,独树不成林。

——《乐府诗集·紫骝马歌》

[释义]一根树枝成不了树木,一棵树木成不了森林。比喻不依靠众人的力量,不能成大事。

独立不惭影,独初不愧衾。

——《豫让论》

[释义]只一个人站在那儿,也无愧于自己的影子,独自睡眠,无愧于自己的被子。比喻做事为人应当光明正直。

读书勿求多,岁月既积,卷帙自富。

——《钝吟杂录·家戒下》

[释义]读书不要贪多,贵在持之以恒,日子久了,读的东西自然就多了。

毒药苦口利病,忠言逆耳利行。

——《汉书·刘安传》

[释义]好的药虽然苦口,但利于治病;忠言虽然刺耳,但有利于自己修养品行。

杜事之于前,易也。

——《管子·傷靡》

[释义]不好的事情在没有发生前就加以杜塞,这是很容易的。

妒前无亲。

——《资治通鉴·魏纪》

[释义]妒忌胜过自己的人,就无人亲近他。

度德而处之,量力而行之。

——《左传·隐公十一年》

[释义]衡量自己的德行如何,以便决定自己应处的地位;估量自己的力量大小,以便决定自己的行动。

蠹众则木折;隙大则墙坏。

——《商君书·修权》

[释义]蛀虫多了,树木就会折断;缝隙大了,墙壁就会倒坍。比喻不利的因素多了,严重了,就会出现危险。

端悫生达,诈伪生塞。

——《说苑·至公》

[释义]端正诚实就产生旷达,欺骗虚伪就产生闭塞。

短于从善,故至于败。

——《资治通鉴·汉纪》

[释义]不肯向善者学习,这便是失败的原因了。

对忧人勿乐,对哭人勿笑,对失意人勿矜。

——《呻吟语·补遗》

[释义]在忧愁的人面前不要表现出高兴,在伤心人的面前不要表现出欢乐,在失意人面前不要洋洋得意。

多忿害物,多欲害己,多逸害性,多忧害志。

——《名言》

[释义]容易愤怒就会伤害别人;私欲太多了就会害了自己;贪图安逸就会有害于自己的品德;忧虑太多,就会削弱自己的意志。

多狐疑者,不可与共事。

——《荆园小语》

[释义]不要和多疑的人一起办事。

多见者博,多闻者知,拒谏者塞,专己者孤。

——《盐铁论·刺议》

[释义]见得多的人知识渊博,听得多的人有智慧,拒绝别人劝说的人耳目闭塞,只相信自己的人必然孤立。

多能者鲜精,多虑者鲜决。

——《郁离子·一志》

[释义]什么都懂得一点的人,很少是能够专精的;什么都顾虑的人,很少是有决断的。

多求徒心足,未足旋倾覆。

——《贪诫》

[释义]不断地求取本来是为了填饱私欲,但常常事与愿违,在未满足之时就自己害了自己。说明人不要贪得无厌。

多士成大业,群贤济弘绩。

——《答魏子悌》

[释义]能广用有才之士,便可建立大业;依靠群贤,才能取得伟大的成就。

多士之林,不扶自直。

——《参军事卢恒庆赞》

[释义]身处正派人中间,不需要人家帮助,也自然是正直的。比喻和品行高尚的人相处,可以受到好影响。

多为势利朋,少有岁寒操。

——《古意论交》

[释义]如果所交的朋友都是势利之徒,你就不会像青松那样具有高尚的节操。比喻朋友之间是可以互相影响的。

多闻而择焉,所以明智也。

——《说苑·建本》

[释义]多听并加以选择自然就能增加智慧。

多闻其过,不欲闻其善。

——《战国策·燕策》

[释义]要多听别人对自己的批评意见,不要总想听别人对自己

的夸奖。

多闻，择其善者而从之，多见而识之。

——《论语·述而》

[释义]做事多听听别人是怎么说的，然后选择好的意见去照着做；多看看别人是怎么做的，把好的坏的记在心里。

多行不义，必自毙。

——《左传·隐公元年》

[释义]多做不义的事情，一定自取灭亡。

多行，少与者怨。

——《素书》

[释义]答应人家的多，给予人家的少就招致怨恨。

多虚不如少实。

——《农书·财力之宜篇》

[释义]不实的东西再多也没有什么意义，而实际的东西哪怕只有很少一点，也是有价值的。

多言而不当，不如其寡也。

——《管子》

[释义]多说话说得不当，不如少说。

多言不可与远谋，多动不可与久处。

——《文中子·魏相》

[释义]不能与喜欢多说的人商量重大的事情，不可与轻举妄动的人长期相处。

多言众所忌。

——《清平山堂话本·快嘴李翠莲记》

[释义]好讲闲话、夸夸其谈的人，容易为人们所忌恨。

惰而侈，则贫；力而俭，则富。

——《管子·形势》

[释义]懒惰又奢侈，生活就会贫困；勤劳而节俭，生活就会富足。

E

厄穷而不悯,遗佚而不怨。
——《韩诗外传》

[释义]遭遇穷困,也不忧愁;不被任用,也不怨恨。

恶莫大于毁人之善,德莫大于白人之冤。
——《西岩赘语》

[释义]最大的罪恶是诋毁别人的长处;最高尚的首先是帮助别人解除不白之冤。

恶人相远离,善者近相知。纵使天无雨,阴云自润衣。
——《全唐诗补逸》

[释义]对恶人要离得远远的,对好人要亲近并成为知己。这好比和阴云接近,就是不下雨,衣服也会被沾湿。比喻结交什么样的朋友,就会受到什么样的影响。

恶言不出口,恶声不入耳。
——《邓析子》

[释义]你不恶语伤人,耳朵里就不会听到不中听的话。

恶言不出于口,邪行不及于己。
——《盐铁论·毁学》

[释义]坏话不出口,坏事不去做。

耳闻之不如目见之,目见之不如足践之。
——《说苑·政理》

[释义]耳朵听的,不如亲眼见的;亲眼见的,不如亲自去实践。

耳有所亲,不学而不如聋;目有所见,不学而不如盲。
——《意林》

[释义]你的耳朵虽然能听见声音,但如果不学习,就连聋子也不如;你的眼睛虽然可以看见东西,但要是不学习,就连瞎子也比不上。

F

伐木不自其根，则蘖又生也。

——《晏子春秋·内篇谏下》

[释义]砍伐树木不挖掉它的根子，还会长出树芽来。比喻解决问题要从根本上着手。

罚不讳强大，赏不私亲近。

——《战国策·秦策》

[释义]惩罚有罪，不避权势大的人；奖赏有功，不偏私与自己亲近的人。

凡百事之成也在敬之，其败也必在慢之。

——《资治通鉴·宋纪》

[释义]一切事情之所以取得成功，是由于能够严肃认真地对待它；而失败的原因，在于办事轻慢、懈怠。

凡不能俭于己者，必妄取于人。

——《日录里言》

[释义]凡是自己不能俭省的人，一定会随便拿别人的东西。

凡出言，信为先，诈与妄，奚可焉。

——《弟子规》

[释义]说话首先要讲信用，欺骗和胡说怎么行呢？

凡处事者，多曲相从事，鲜能确然共尽理实。

——《三国志·魏书》

[释义]如果多以私心处理事情，就很难实事求是了。

凡论人，必先称其所长，则所短不言自见。

——《资治通鉴·晋纪》

[释义]凡是评价一个人，首先应举出他的长处，这样，他的短处不说自己也就知道了。

凡谋事贵采众议，而断之在独。

——《古今药言·儆然录》

[释义]凡是谋划一件事，贵在吸取大家的意见，但最后拿主意要靠自己。

凡取人，当舍其旧而图其新。

——《薛文清公要语》

[释义]看人要根据他现在的表现，而不要计较他的过去。

凡人不可貌相，海水不可斗量。

——《小尉迟》

[释义]不能凭相貌来决定一个人究竟如何，正像不能用斗来量海水到底有多深一样。

凡人取果，宜待熟时，不摇自落。

——《资治通鉴·梁纪》

[释义]比喻做事要待时机成熟，才能事半功倍。

凡人之患，蔽于一曲，而暗于大理。

——《荀子·解蔽》

[释义]人常犯的毛病就在于被偏见所蒙蔽，而看不见大的道理。

凡人之论，心欲小而志欲大，智欲圆而行欲方。

——《淮南子·主术训》

[释义]为人做事要谨慎，但志向要远大；智谋要圆通灵活，举止要正直不阿。

凡人之情，穷则思变。

——《资治通鉴·唐纪》

[释义]人的本性是在到了没有办法之时，就要想办法改变现状。

凡事不可轻疑，惟断狱不可不疑。

——《呻吟语·刑法》

[释义]对任何事情都不能轻易怀疑，唯独断案之时，不可没有怀疑。

凡事不可自谓已知。

——《陈确集·文集·示儿帖》

[释义]无论什么事情，都不可自以为已经知道了。

凡事皆能谨于几微，则不至于差之大矣。

——《薛文清公读书录·慎动》

[释义]每做一件事如果都能从一开始就特别小心，最后便不至于发生大的差错了。

凡事皆当谨始虑终。

——《薛文清公读书录·慎动》

[释义]凡做一件事，都要在开

头之时就考虑到后果,从而谨慎从事。

凡事豫则立,不豫则废。

——《礼记·中庸》

[释义]凡事预先有准备就会成功,无准备就会失败。

凡为人言者,理胜则事明,气忿则招怫。

——《琼琚佩语·接物》

[释义]讲话时能以理服人,就容易弄清是非,如果动怒使气,只会招来怨恨。

凡以利害心虑事,则虑弥周而去道弥远。

——《陈确集·别集·瞽言》

[释义]根据利害去考虑事情,那么考虑得越周到,便离道义越远。

凡与人言即当其事之可否,可则诺,不可则无诺。

——《省心短语》

[释义]凡是答应为别人办一件事,就要考虑这件事是否做得到,做得到的就应承下来,否则就不能空许诺言。

凡诸祸根,不早断绝,则或转而滋蔓。

——《潜夫论·断讼》

[释义]对祸根要及早消除,晚了就会蔓延开来。

凡诸艺业未有学而不得者,病在心力懈怠,不能专精耳。

——《尚书·故实》

[释义]各种技艺和知识没有学不到手的,学不好的原因在于不肯用心思花力气,精神不能专一。

凡作事须从容细密,事事有条理;勿卤莽粗疏,有初鲜终。

——《陈确集·文集·书示两儿》

[释义]无论做什么事,都要从容不迫,认真仔细,有条不紊;不要粗心大意,有头无尾。

凡众人聚会处,说话最要检点,恐犯人忌。

——《西岩赘语》

[释义]在人多的地方讲话更要检点,以免触犯别人的忌讳。

反听之谓聪,内视之谓明,自胜之谓强。

——《史记·商群列传》

[释义]听了批评的意见,能自我反省的,叫做聪明;主动检查自己的叫做明智;能克制自己私心的叫做有力量。

防患先防内,内患隐难知。不

见栋梁柱,蝼蚁坏其基。

——《灏堂集·蚁子》

[释义]要想防止祸患,必须先除去内部引起祸患的根源。

防祸于未然。

——《汉书·考成赵兵后传》

[释义]在祸患未发生前就应当加以防止。

防人疑众,不如自慎。

——《郭嵩焘日记》

[释义]对人处处提防,疑神疑鬼,倒不如自己能谨慎待人处事。

防身当若御敌。

——《郑善文集》

[释义]防备自身的私欲应当像抵御敌人那样。

防深不防露,此意古所箴。

——《秋怀十五首》

[释义]隐藏的敌人比公开的敌人危险性更大,因此,应该特别加以警惕。

防微杜渐而禁于未然。

——《元史·张桢传》

[释义]坏事刚刚冒头时,就加以制止;事故或灾害在发生前就加以防备。

放情者危,节欲者安。

——《政要论·节欲》

[释义]任情妄行的人是危险的,而克制自己私欲的人,就能平安无事。

放于利而行,多怨。

——《论语·里仁》

[释义]只按照个人的利益而行动,会招来很多的怨恨。

飞蛾爱灯非恶灯,奋翼扑明甘自陨。

——《读书吟示儿书》

[释义]飞蛾扑火是因为它追求光明,甘愿为自己的理想而献身。

非才之难,所以自用者实难。

——宋·苏轼《贾谊论》

[释义]一个人有才能并不难,怎样使自己的才能发挥出来却实在难。

非诚心款契,不足以结师友。

——《抱朴子·微旨》

[释义]不是真诚地以心待见,不配结成师友。

非淡泊无以明志,非宁静无以致远。

——《诫子书》

[释义]没有恬淡寡欲的修养,就不会有明确的志向;没有宁静的心胸,便无法达到远大的目标。

非莫非于饰非,过莫过于文过。

——《续姚梁公座右铭·并序》

[释义]最不应该的是莫过于掩饰自己的缺点,最大的错误莫过于掩饰自己的过错。

非其有而取之非义也。

——《孟子·尽心上》

[释义]不是自己的,却占为己有,这是不符合大义的。

非天道愦愦,人自愦愦。

——《聊斋志异·高序》

[释义]自然的规律是无法使人昏乱的,人的昏乱是由自己所造成的。

非我而当者,吾师也;是我而当者,吾友也。

——《荀子·修身》

[释义]如果对我的批评是对的,那就是我的老师了;如果肯定我的恰如其分的,那便是我的朋友了。

非吾义锱铢勿视,义之得千驷无愧。

——《迩志斋集·取》

[释义]不合正义的就是一点点东西,也不要去看它一眼;符合正义的,就是得了千匹好马,也觉得于心无愧。

非学无以广才,非志无以成学。

——《诫子书》

[释义]不学习便无法增长才干,没有志向就难于取得学业上的成功。

非知之艰,行之惟艰。

——《尚书·说命中》

[释义]懂得道理并不困难,最难的是能付诸行动。

非行之难,终之斯难,所言信矣。

——《贞观政要·慎终》

[释义]做一件好事不难,能永远去做好事才难。这话一点不错。

非直谅多闻之人,不能得直谅多闻之友。

——《西岩赘语》

[释义]不是正直、信实、见闻广博的人,就得不到正直、信实、见闻广博的朋友。

废学若断织。

——《烈女传》

[释义]中途抛弃了学业,就像织布被砍断了线一样。

废一善则众善衰,赏一恶则众恶多。

——《三略》

[释义]否定了一件好事,更多的好事就无法涌现;奖赏一种恶行,许多坏事也就会跟着出现。

焚林而猎,越多得兽,后必无兽。

——《淮南子·人间训》

[释义]烧掉森林虽然可以获得很多的猎物,但以后就不会再猎到野兽了。比喻做事不能只顾眼前利益,忽略了长远的利益。

丰年岁登,则储积以备乏绝。

——《盐铁论·力耕》

[释义]在丰收的年头,要储备粮食以待缺粮的时候。

风流不在谈锋胜,袖手无言味最长。

——《鹧鸪天》

[释义]一个人是否有学问,并不在于他是否能说会道;胸有成竹,而又寡言少语,这才是最有意味的。

风前灯易灭,川上月难留。

——《故园置酒》

[释义]当着风头的灯容易被吹灭;映入水中的月光是不能留在水里的。

风俗不淳俭,则财用无丰足。

——《省心铨要》

[释义]如果铺张浪费成风,那么经济情况就会拮据。

风无常顺,兵无常胜。

——《醒世恒言·一文钱小事造奇冤》

[释义]比喻做任何事情都不可能一帆风顺,不受挫折。

奉法者强,则国强;奉法者弱,则国弱。

——《韩非子·有度》

[释义]执法者能有力地保证法的执行,就能使国家安定强盛;如果执法不力,就会使国家混乱衰败。

夫不学而求知,犹愿鱼而无网焉。

——《抱朴子·勖学》

[释义]不经过学习而想得到知识;这就像想捕到鱼,而没有捕鱼的网一样。

夫妇有恩矣,不诚则离;交接有分矣,不诚则绝。

——《群书治要·体论》

[释义]夫妇本来是有恩情的,但如果不彼此忠诚,就要分手了;交朋友也是这样,要是感情不真挚,很快就要绝交了。

夫火烈,民望而畏之,故鲜死焉;水懦弱,民狎而玩之则多死焉。

——《左传·昭公二十年》

[释义]火是猛烈的,人们看见了都怕它,所以很少死于火灾的;水是柔弱的,人们亲近而玩弄它,所以溺死的人就多。比喻在人放松警惕之时,往往容易出事故。

夫君者舟也,庶人者水也。水可载舟,亦可覆舟。

——《孔子家语·五仪解》

[释义]统治者就像船,民众犹如水。水可以载船,但也可以把船弄沉。

夫明镜者,所以照形也;往古者,所以知今也。

——《韩诗外传》

[释义]明亮的镜子是用来照形体的;过去的事迹是用来了解现在的。说明应该注意历史的经验教训。

夫人必自侮,而后人侮之。

——《孟子·离娄上》

[释义]人首先都是因为自己不知自爱,而后才被别人看不起。

夫大勇者,猝然临之而不惊,无故加之而不怒。

——《留侯论》

[释义]天下最勇敢的人总是这样:事变突然来临时,不会惊惶失措;无缘无故地侮辱他,也不会愤怒。

夫唯不争,故莫能与之争。

——《老子》

[释义]正因为他不和人争,所以谁也争不过他。

夫学何尽之有？善之中又有善焉,至善之中,又有至善焉。

——《大学辨》

[释义]学习根本没有尽头,好中又有好的东西;最好的东西中又有最好的东西。

夫以人言善我,亦必以人言恶我。

——《意林·新论》

[释义]用好听话讨好我的人,也会在我背后说我坏话。

夫志正则众邪不生。

——《三国志·魏书》

[释义]志趣高尚的人,不会产生各种邪念。

夫子积学,当日知其所无,以就懿德。

——《后汉书·列女传》

[释义]一个人求学,应每天知道自己所不知道的知识,以慢慢养成良好的道德。

弗备难,难必至。

——《说苑·贵德》

[释义]不防备灾难,将来灾难一定会来到。

弗矜故能长。

——《老子》

[释义]不骄傲,所以能够进步。

弗食,不知其旨;弗学,不知其善。

——《礼记·学记》

[释义]不吃食物,便不知滋味的甘美;不求学问,就不会知道学问的好处。

弗务细行,终累大德。

——《群书治要·尚书》

[释义]不注意小节,就要损害大德了。

弗知而言为不智,知而不言为不忠。

——《战国策·秦策》

[释义]不了解事情的真相就高谈阔论,便是不明智;如果知道了而不谈,就是不忠诚。

凫胫虽短,续之则忧;鹤胫虽长,断之则悲。

——《庄子·骈拇》

[释义]虽说野鸭的腿短,仙鹤的腿长,但如果把仙鹤的腿截一段接在野鸭的腿上,它们都不会痛快的。比喻强行改变事物的本性,会适得其反。

浮萍本无根,非水将何依。

——《明月篇》

[释义]没有根的浮萍,要是离开了水,还有什么可依托的呢?

福不虚至,祸不易来。

——《命子》

[释义]福不会轻易而来,祸也不会轻易而到。

福生于隐约,而祸生于得意。

——《说苑·敬慎》

[释义]福生于穷愁忧困之中,而祸却生于一个人得意的时候。

福兮可以善取,祸兮可以恶召。

——《天论·上篇》

[释义]福是由做好事换来的,祸是干坏事招致的。

福之本生于忧,而祸起于喜。

——《韩诗外传》

[释义]在顺利时想到忧患,就能保住幸福;如果得意洋洋,忘乎所以,就会祸患临头。

辅人无苟,扶人无咎。

——《大戴礼记·卫将军文子》

[释义]要帮助别人不要不负责任;扶持别人不要苛责。

父善教子者,教于孩提。

——《省心录》

[释义]善于教育子女的父亲,总是在孩子还是婴儿时就着手做起。

负薪为炉复为火,缘木求鱼应且止。

——《行路难五首》

[释义]担着柴去救火,反而使火烧得更猛了;爬到树上去找鱼,怎么能得到鱼呢?比喻用错误的方法去消灭灾害或谋求某件东西,反而使灾害加重,或者徒劳无功。

负远略者,遏浮言。

——《薛方山纪述·上篇》

[释义]怀有远大谋略的人,切忌讲浮华不实的大话。

附小人者必小人,附君子者未必君子。

——清·平步青

[释义]接近小人的人,必然是小人;接近君子的人,不见得就是君子。

赴汤火,蹈白刃,武夫之勇可能也;克己自胜,非君子之大勇,不可能也。

——《二程粹言卷上·论学篇》

[释义]赴汤蹈火,一个勇敢的武夫就可做到,但战胜自己的私心,只有道德高尚的人才能做到。

富贵不能淫,贫贱不能移,威武不能屈。

——《孟子·滕文公下》

[释义]富贵不能使他的心惑

乱,贫困不能使他的节操改变,威武不能使他的意志屈服。

富以苟,不如贫以誉。
——《大戴礼记·曾子制言》

[释义]与其富有而苟且偷生,还不如贫穷而有美名。

G

改过不吝,从善如流。

——《上皇帝书》

[释义]勇于改正过错,乐于接受好的意见。

改过贵速,既知有过,便当斩钢截铁,翻然改图。

——《荆园进语》

[释义]改正自己的错误,贵在有决心;既然知道有错,就要毫不含糊地改掉它。

改过宜勇,迁善宜速。

——《幽梦续影》

[释义]改正自己的缺点要有勇气,学习别人的长处越快越好。

盖棺始能定士之贤愚,临事始能见人之操守。

——《省心录》

[释义]一个人是好是坏,只有到生命结束时才能作出结论;一个人是否有操守,只有在患难到来时才能看出来。

干将虽利,非人力不能自断焉。

——《说苑·建本》

[释义]干将这个宝剑虽然很锋利,要不是依靠人力,它也是不能自己砍东西的。比喻人才不用,就无法发挥作用。

刚、毅、木、讷近仁。

——《论语·子路》

[释义]刚强、果决、朴质,而言语不轻易出口,有这四种品德的人近于仁人了。

高比,所以广德也;下比,所以狭行也。

——《韩诗外传》

[释义]和德行比自己高的人比,会使德行增进;和德行不如自己的人比,会使德行减少。

高山仰止,景行行止。

——《诗经·小雅》

[释义]比喻品德像山一样崇高的人,就会有人敬仰他;行为光明正大的人,应该有人效法他。

高尚之士,不以名位为光宠;忠正之士,不以穷达易志操。

——《省心短语》

[释义]高尚的人,不以名誉地位为荣;忠正的人,不因得意失意而改变自己的操守。

高者未必贤,下者未必愚。

——《涧底松》

[释义]高贵的人不见得就有才干,低贱的人不见得就不聪慧。

告我以吾过者,吾之师也。

——《答冯宿书》

[释义]能指出我的错误的人,就是我的老师。

工于论人者,察己常疏。

——《南轩集》

[释义]巧于谈论别人的人,倒是很少检查自己的。

工欲善其事,必先利其器。

——《论语·卫灵公》

[释义]工匠要想做好自己的工作,必须事先磨快工具。比喻要胜任工作,必须首先学好本领。

弓太满则折,月太满则缺。

——《劝戒全书》

[释义]弓拉得太满了就会折断,月亮太圆时就会亏缺。比喻任何事情超过一定限度就会走向反面。

公生明,廉生威。

——《西沤外集·冰言》

[释义]公正就能产生英明,廉洁就能产生威望。

功不滥赏,罪不滥刑。

——《至正》

[释义]对有功的人不乱加奖赏,对有罪的人不随意处罚。

功成惟欲善持盈。

——《骊山三绝句》

[释义]取得功业之后,最主要的事情就是要善于保持胜利的果实。

功者自功,祸者自祸。

——《天说》

[释义]功劳是自己建立的,祸患是自己招来的。

攻人之恶,毋太严;教人之善,毋过高。

——《史典·愿体集》

[释义]指责别人的缺点,不要太苛刻;教人修身养德,要求不要太高。

攻吾过,毋议人非。
——《陈确集·不乱说》

[释义]要努力克服自己的缺点,不要议论别人的过错。

攻我之过者,未必皆无过之人也;苟求无过人攻我,则终身不得一闻过矣。
——《呻吟语·补遗》

[释义]给自己提意见的人,不一定都是没有缺点错误的人;如果要求没有缺点错误的人才能给自己提意见,那么你一辈子也听不到别人的批评意见了。

躬自厚而薄责于人。
——《论语·卫灵公》

[释义]严于律己,宽以待人。

恭者不侮人,俭者不夺人。
——《孟子·离娄上》

[释义]恭敬别人的人不会侮辱别人,自己节俭的人不会掠夺别人。

恭则不侮,宽则得众,信则人任焉。
——《论语·阳货》

[释义]谦恭就不致遭受侮辱,宽厚就会得到大众的拥护,诚实便能得到别人的任用。

恭则物服,悫则有成,平则物化。
——《文中子·礼乐篇》

[释义]恭敬庄重,众望可归;诚意可以感动人,公平无私可以感化人。

苟非吾之所有,虽一毫而莫取。
——《赤壁赋》

[释义]假如不是属于我的,即使是一根毫毛也不能占为己有。

苟能无以利害义,则耻辱亦无由至矣。
——《荀子·法行》

[释义]假如能不因财利而害大义,也就不会蒙受耻辱了。

苟信不继,盟无益也。
——《左传·桓公十二年》

[释义]如果不能始终保持诚信,就是有了誓约也是徒劳无益。

苟自不能受谏,安能谏人。
——《资治通鉴·唐纪》

[释义]如果自己不能接受别人的劝告批评,还怎么能批评别

人呢？

狗不以善吠为良，人不以善言为贤。

——《庄子·徐无鬼》

[释义]狗的好坏，不以它叫得是否好听为标准；一个人是否高尚，不是凭他是否有动听的言语。

姑息必成大忍。

——《西岩赘语》

[释义]对坏人宽容放纵，就会助长他干更大的恶事。

孤莫孤于自恃。

——《素书》

[释义]只相信自己的人，是最孤立的人。

孤则易折，众则难摧。

——《资治通鉴·宋纪》

[释义]势单力薄容易被折断，人多势众不易被摧毁。

古人有言，患名之不立，不患年之不长。

——《三国志·魏书》

[释义]古人说过：人最怕的是没有作为，倒不怎么关心是否能长寿。

古之君子，交绝不出恶声。

——《史记·乐毅列传》

[释义]古代的君子，与人绝交时，口不出恶言。

古之君子，其责己也重以周，其待人也轻以约。

——《原毁》

[释义]古代的君子，他们要求自己既严格又全面，他们对别人的要求既宽容又平易。

故善战者，立于不败之地，而不失敌之败也。

——《孙子兵法·形篇》

[释义]善于指挥作战的人，能使自己处于不败的地位，并且决不丧失使敌人失败的机会。

故有备则制人，无备则制于人。

——《盐铁论·险固》

[释义]有防备就能制服敌人，没有防备就被敌人所制服。

瓜田不纳履，李下不正冠。

——《乐府诗集·清商曲辞六·来罗》

[释义]经过瓜田时，不要弯腰提鞋子；走在李树下面，不要举手整理帽子，免得别人怀疑你偷瓜摘李子。比喻做任何事情都要注意避开容易发生嫌疑的

地方。

寡取易盈，好逞易穷，驽钝之材也。

——《良马对》

[释义]刚有一点收获就满足，喜好逞强容易力竭，这是没有出息的人。

寡言择交，可以无悔吝，可以免忧辱。

——《省心录》

[释义]做到少说话，交友有选择就可以没有悔恨，也可以避免忧愁和屈辱。

观听不参，则诚不闻。

——《韩非子·内储说上》

[释义]只偏听偏信一人的意见，不和别人商量，就听不到真诚的话。

官怠于成，病加于小愈，祸生于懈惰。

——《韩诗外传》

[释义]做官的人往往在有点成就的时候懈怠，疾病往往在稍微痊愈的时候加重，灾祸往往在急惰的时候发生。

广积不如教子，避祸不如省非。

——《省心铨要》

[释义]积累很多资财，还不如教育好自己的孩子重要；想免去祸害，还不如常常检查自己的错误要紧。

贵而不骄，胜而不悖，贤而能下，刚而能忍。

——《诸葛亮集·将材》

[释义]作为将才，应该是地位高但不骄傲，取得胜利但不昏乱，有才能但能谦逊待人，性格刚强但能克制自己。

贵而忘财者不久。

——《素书》

[释义]因为自己地位变了，就忘了曾经同患难的朋友，这样的人是不会长久的。

富贵而骄，自遗咎也。

——《老子》

[释义]富贵而又骄傲，就要为自己留下祸根。

贵乎刚者，以其能胜己，非以其能胜人也。

——《药言剩稿》

[释义]要想做个刚正的人，就是要善于克服自己的缺点，并非只知道批评别人的过失。

贵远而贱近者，常人之用情也。

——《抱朴子·广譬》

[释义]看重远处的人,而轻视身旁的人,这是一般人的心理状态。

贵之而不骄,委之而不专。

——《兵要》

[释义]使他尊贵但不骄纵他,对他委以重任但又不使他独断专行。

国之本在家,家之本在身。

——《孟子·离娄上》

[释义]国家富强的根本在于每个家庭,每个家庭的根本则在于每个成员。

果而毋骄,果而勿矜,果而毋伐。

——《老子》

[释义]战胜了不要骄傲,战胜了不要狂妄,战胜了不要夸耀。

过而不改,是谓过矣。

——《论语·卫灵公》

[释义]有了过错而不改正,这才真叫做过错哩!

过而不悛,亡之本也。

——《韩非子·难四》

[释义]有过错但不改正,这是挫败的根源。

过而能改,善莫大焉。

——《左传·宣公二年》

[释义]有了过失能够改正,就是最大的优点。

过载者沉其舟,欲胜者杀其身。

——《抱朴子·微旨》

[释义]装载过重,船就会沉下水去;欲望过多会丧失生命。

过则勿惮改。

——《论语·学而》

[释义]有了错误不要害怕改正。

过者之患,不知而自以为知。

——《吕氏春秋·别类》

[释义]犯错误的人的毛病,就在于不懂而自以为懂。

H

海不辞东流,大之至矣。
——《庄子·徐无鬼》

[释义]海洋所以这样大,是因为它能接纳百川的流水。比喻谦虚可以使人变得更美好。

含血喷人,先污其口。
——《罗湖野录》

[释义]诬蔑别人的人,首先弄脏了自己的嘴巴。

毫釐之失,有千里之差。
——《抱朴子·疾谬》

[释义]开头就是错了一点儿,结果就会造成很大的差误。

豪华一去难再得,壮气销沉土一丘。
——《静夜思》

[释义]荣华富贵失去了固然难以再得到它,但人的壮志豪气消失了,虽生犹死,不啻是一抔黄土罢了。

好事不出门,恶事行千里。
——《北梦琐言》

[释义]好事倒不容易被人所知,而坏事反而容易传开。劝诫人应当谨慎行事。

好事须相让,恶事莫相推。
——《全唐诗补逸》

[释义]有好的事情应当彼此相让,坏事发生了,彼此不要互相推卸责任。

好不废过,恶不去善。
——《左传·哀公五年》

[释义]对自己所喜欢的人,不能掩饰他的缺点;对自己所厌恶的人,不能否定他的长处。

好称人恶,人亦道其恶;好憎人者,亦为人所憎。
——《说苑·谈丛》

[释义]喜欢说别人坏话的人,人家也说他的坏话;爱憎恨别人的

人，也被别人所憎恨。

好而知其恶，恶而知其美。

——《礼记·大学》

[释义]对你所喜欢的人，要知道他的缺点，对你所厌恶的人，要知道他的优点。

好面誉人者，亦好背而毁之。

——《庄子·盗跖》

[释义]喜欢当面吹捧人的人，也喜欢在背地里诽谤别人。

好胜人者，必无胜人处；能胜人，处不居胜。

——《西岩赘语》

[释义]自以为比别人强的人，肯定不如别人；真正比别人强的人，往往自己却认为不如别人。

好胜者必败，恃壮者易疾。

——《荆园进语》

[释义]自以为了不起的人，必然失败；自恃很健壮的人，容易得病。

好说己长便是短，自知己短便是长。

——《西岩赘语》

[释义]你喜欢自恃的长处，恰恰就是你的短处；你自知有短处，恰恰就是你的长处。

好谈己长，只是浅。

——《西岩赘语》

[释义]喜欢夸耀自己的长处，恰恰说明自己是肤浅的。

好问好察，改过不吝之谓上智。

——《陈确集·瞽言》

[释义]喜欢请教别人，善于观察事物，勇于改正自己的错误，这样的人就是最聪明的人了。

好问则裕，自用则小。

——《尚书·汤诰》

[释义]善于请教别人收获就多，自以为很聪明对人不谦虚，所得就少。

好言所不知，自欺也。

——《钝吟杂录·家戒下》

[释义]喜欢谈论自己所不了解的东西，这叫做自欺欺人。

好谀是人生大病。

——《西岩赘语》

[释义]爱听恭维话，这是人的通病。

好誉者，常谤人；市恩者，常夺人，其倾危一也。

——《木几冗谈》

[释义]喜欢恭维别人的人,常常诽谤人;喜欢给别人小恩小惠的人,常常从别人那里取得好处,这两种人同样是危险的。

好责人者,自治必疏。

——《西岩赘语》

[释义]喜欢责备别人的人,要求自己必然不严格。

禾熟则获,果熟则剥。

——《吕言》

[释义]谷子成熟了才能收获,果子熟了才能剥开皮。比喻凡事不可急于求成。

何言者天,成蹊者李。

——《口箴》

[释义]天并没有自吹自擂,却显得那么高;李树不向人打招呼,而它的树下却有条小路。比喻只要为人真诚、谦虚,就能感动别人。

何以报德?以直报怨,以德报德。

——《论语·宪问》

[释义]用什么来报答恩德呢?应该用正直来报答怨恨,用恩德报答恩德。

何以止谤,曰无辨,辨愈力,则谤者愈巧。

——《荆园进语》

[释义]怎样才能制止别人的诽谤呢?那就是不要辩解,愈是辩解,诽谤攻击你的手法越巧妙。

河以委蛇故能远,山以陵迟故能高。

——《说苑·建本》

[释义]江河因为弯弯曲曲,所以流程很远;山由于连绵起伏,因此高大。

贺者在门,吊者在闾。

——《诫子书》

[释义]受福的人容易骄奢,不久祸患就降临到头上。

花太早者,不须霜而自落。

——《意林·文子》

[释义]花开得太早,不经过霜冻就自己凋零了。比喻早熟必然早衰。

花有重开日,人无再少年。

——《窦娥冤·楔子》

[释义]花凋落还有再开之日,人老了青春不再回来。可用来告诫人们在青少年时,要珍惜大好时光、努力学习、奋发图强。

华而不实，怨之所聚也；犯而聚怨，不可以定身。

——《左传·文公五年》

[释义]华而不实的人，会招来人们的怨恨，有这种缺点而积怨于人，不会有好结果。

怀必贪，贪必谋人，谋划人，人亦谋己。

——《左传·宣公十四年》

[释义]领略安逸就必然贪婪，贪婪就必然暗算别人，暗算了别人，别人也会暗算自己。

怀永图者，缓急效；负远略者，遏浮言。

——《薛方山纪述》

[释义]有雄心壮志的人，不急于见到成效；深谋远虑的人，不会说出浮躁的话。

缓必有所失。

——《易经·序卦》

[释义]在和平环境里，人们容易和平麻痹，所以往往招致损失。

患生于多欲，害生于不备。

——《淮南子·缪称训》

[释义]不幸的根源在于私欲太多，发生灾患由于失去戒备。

患生于所忽，祸起于细微。

——《说苑·谈丛》

[释义]灾患生于疏忽之时，祸害开始于细小的事情上。说明人应防微杜渐。

患至而后图，智者有不能。

——《送张洞推官赴永兴经略司》

[释义]等到灾患发生了，再想办法应付，就是聪明人也是束手无策的了。

悔从醒生，驷不及舌。

——《醉醒石》

[释义]与其觉悟之后感到悔恨，倒不如预先能管住自己的舌头，因为话一出口，就是四匹马拉着一辆车子，也追不回来的。

悔前莫如慎始，悔后莫如改图，徒悔无益也。

——《呻吟语·补遗》

[释义]做事要慎重免得事后后悔，已经后悔了就要及时改正过来，一味后悔是没有好处的。

悔悟于后，不若省察于前。

——《居业录·学问》

[释义]与其事后有所悔悟，倒不如事前考虑周到。

毁人者失其直，誉人者失其

实,近于乡原之人哉。

——《皮日休文集·鹿门隐书六十篇》

[释义]不公正地批评人家,毫无根据地称赞人家,这和那种言行不一、伪善欺骗的人有什么两样呢?

讳者欺之媒乎,矜者谄之宅乎。

——《郁离子卷上·自讳自矜》

[释义]隐瞒自己缺点,是产生欺诈的媒介;骄傲自大,是产生谄媚的温床。

慧黠而过,乃是真痴。

——《聊斋志异·阿宝》

[释义]如果聪明过了头,就是真正的愚蠢。

昏镜无好面,恶土无善禾。

——《王令集·慎交》

[释义]不明亮的镜子照不出美丽的脸容,不良的土壤就无法长出茁壮的禾苗。比喻交上不好的朋友,会受不好的影响。

祸不入慎家之门。

——《王子安集·规讽》

[释义]能谨慎处世的人,不会招来祸害。

祸莫大于不知足。

——《老子》

[释义]祸害没有比不知足更大的了。

祸莫大于无信。

——《傅子·义信篇》

[释义]最大的祸患是待人不诚信。

祸生于得意。

——《说苑·谈丛》

[释义]在人得意忘形之时,祸患便会发生了。

祸在于好利,害在于亲小人。

——《尉缭子·十二陵》

[释义]造成祸害是由于贪利和亲近不正直的人。

祸至后惧,是诚不知。君子之惧,惧乎未始。

——《诚惧箴》

[释义]祸患临头才害怕,这是不明智的;君子在祸患发生前,就知道提高警惕。

祸自微而成。

——《太公金匮》

[释义]祸害常常是由小处慢慢酿成的。

J

几事不密则害成。
——《易经·系辞上》

[释义]把机密的事泄露出去，就会对成功造成危害。

积善多者，虽有一恶，是为过失，未足以亡。
——《潜夫论·慎微》

[释义]做了很多好事的人，即使犯了一次错误，也不会使他身败名裂的。

及溺呼船，悔之无及。
——《三国志·魏书·董卓传》

[释义]到了被淹没时才呼救，后悔也来不及了。比喻人应为迷途知返，祸到临头就无可救药了。

吉人之辞寡，躁人之辞多。
——《易经·系辞下》

[释义]善良的人说话很少，浮躁的人总是喋喋不休。

急难救人，一善可当百善。
——《史典·愿体集》

[释义]在人碰上危难的时候拉一把，做一件这样的好事，可以抵得上平时做一百件。

急人之知，枉己之为；急人之好，枉己之道。
——《王令集·急箴》

[释义]借鉴别人的智慧，来纠正自己的错误行为；学习别人的优点，来克服自己的缺点。

疾小不加理，浸淫将遍身。
——《奉答子华学士安抚江南见寄之作》

[释义]小病不医，将会传染全身。

嫉妒生于利欲，而不生于贤美。
——《黄忠端公全集·性无嫉妒论》

[释义]嫉妒生于贪图私利,品质高尚的人不会嫉妒别人。

己所不欲,勿施于人。
——《论语·颜渊》

[释义]自己不愿意接受的,怎么能把它施加给他人呢!

己有过,不当讳。
——《训俗遗规·陆桴亭思辨录》

[释义]自己有了缺点错误,不应当隐瞒。

己有善勿专。
——《孔子家语·入官》

[释义]自己虽有长处,也不能独断独行,而必须和别人商量。

己之温,思人之寒;己之安,思人之难。
——《迩志斋集·禽》

[释义]自己穿暖了,应当想到那些挨冻的人;自己平安无事,应当想到那些身遭危难的人。

己自知而后人知人。
——《鬼谷子·反应》

[释义]先有自知之明,然后才了解别人。

技无大小,贵在能精。
——《闲情偶寄·结构》

[释义]一个人的才能并不在于大小,而贵在能够精通。

记人之功,忘人之过。
——《汉书·陈汤传》

[释义]对待别人应当记住他的功劳,而忘掉他的过错。

祭而丰,不如养之薄也。
——《泷冈阡表》

[释义]父母死后祭品再丰盛,也不如他们在世时作微薄的奉养。

家有千贯,不如日进分文。
——《元曲选》

[释义]如果平时没有收入,就会坐吃山空。

嘉赏未尝喜,抑挫未尝惧。
——《名臣言行录》

[释义]得到嘉赏不显得高兴;遇到挫抑不显得畏惧。

兼收并蓄,待用无遗者,医师之良也。
——《进学解》

[释义]读书应当像高明的医师,平时各种药品都采集一些,准备有朝一日用上。

兼听则明,偏信则暗。
——《资治通鉴·唐纪》

[释义]听取多方面的意见,就能了解事情的真实情况,单听信一方面的话,自己就糊涂,事情就弄不清楚。

俭,德之共也;侈,恶之大也。
——《左传·庄公二十四年》

[释义]节俭是一切美德的共同标志,奢侈是最大的恶行。

俭开福源,奢起贫兆。
——《魏书·李彪传》

[释义]节俭是幸福的源头,奢侈是贫困的开始。

俭虽美德,然太俭则悭。
——《剡园小语》

[释义]节俭虽然是美德,但俭得过了头,就成为吝啬鬼了。

俭约,所以彰其美也。
——《资治通鉴·梁纪》

[释义]勤俭节约,可使一个人变得更高尚、更美好。

俭则约,约则百善俱兴;侈则肆,肆则百恶俱纵。
——《格言联璧·持躬类》

[释义]勤俭就能约束自己,能约束自己,一切好事都会涌现出来;奢侈必然放纵自己,一放纵自己,一切坏事便会得以滋长。

见博则不迷,听聪则不惑。
——《牟子》

[释义]眼睛多看看,就不会被某件事所迷惑;听觉灵敏,就不会上当受骗。

见黄雀而忘深阱,智者所不为。
——《资治通鉴·梁纪》

[释义]看见黄雀就一心想捕捉它,而忘记了前面还有陷阱;这种事情,聪明人不会去干。比喻利令智昏的人,一心想侵害别人,却不知道有人正在算计他。

见毁,而反之身者也。
——《墨子·修身》

[释义]听见别人诋毁你,你当检查一下自己。

见利争让,闻义争为,有不善争改。
——《中说·魏相篇》

[释义]有好处就彼此谦让,听到正确的道理就争先恐后地照着去做,有了错误就争着改正。

见其诚心而金石为之开。
——《韩诗外传》

[释义]人能真心实意,连金石那样坚硬的东西也会被感动。比

喻对人真诚,力量无比。

见人恶,即内省;有则改,无加警。

——《弟子规》

[释义]发现别人的行为不好,就应自我反省;有则改正,无则引为警惕。

见人而不自见者,谓之矇。

——《中论·修本》

[释义]只看见别人的缺点,而看不见自己的过错,这种人可算是"不明"了。

见人有善如己有善;见人有过如己有过。

——《尸子·治天下》

[释义]看见别人的优点,如同自己的优点,看到别人的过错,好像自己的过错一样。言外之意也就是,应善于从别人身上学习优点,借鉴缺点。

见人之过,得己之过;闻人之过,得己之过。

——《庸言》

[释义]看见别人犯了错误,就知道自己身上的错误了;听见别人有什么缺点,就知道自己身上的过错了。说明应当从别人的失败中,借鉴经验教训。

见善则迁,有过则改。

——《易经·益卦》

[释义]看见人家有优点就要学习,自己有了错误就要改正。

见善思齐,足以扬名不朽;闻恶能改,庶得免乎大过。

——《贞观政要·教戒太子诸王》

[释义]看到别人有长处就学习,这样可以扬名不朽;听到别人给自己指出过失就改正,这样便会免得犯大的过错。

见善,修然必以自存;见不善,愀然必以自省也。

——《荀子·修身》

[释义]看见别人的优点,就要检查自己是否也有那些优点,从而努力去效法他;发现别人的缺点,就应引起警惕,多检查自己。

见小利,则大事不成。

——《论语·子路》

[释义]眼睛老是盯在蝇头小利上面,就不能成就大事业。

见殃而能为善,则祸不至。

——《说苑·君道》

[释义]看见人家遭殃,自己能从中吸取教训,行善积德,那么祸患就和你无缘了。

见义不为,无勇也。

——《论语·为政》

[释义]看到符合正义的事情而不去做,这是没有勇气的表现。

建大功于天下者,必先修于闺门之内。

——《新语·慎微》

[释义]为社会建立大功的人,应先在小的方面修养自己。

贱不害智,贫不妨行。

——《盐铁论·地广》

[释义]出身低微的人,不妨碍有智慧;家境贫困的人,不见得就没有德行。

践行其言而人不信者有矣,未有不践言,而人信之者。

——《二程粹言·论学篇》

[释义]说话算数偏偏还有人不信任,但从未见过言行不一的人会有被人信任的。

江海所以能为百谷王者,以其善下之。

——《老子》

[释义]江海之所以能汇集百川,是因为它甘于处在下游。比喻谦虚可以使人变得伟大。

江山易改,秉性难移。

——《醒世恒言》

[释义]要改变人的本性,比改变自然面貌还困难。

将明珠而弹雀,所得者少,所失者多!

——《河南邵氏闻见录》

[释义]用明珠去弹鸟,就得不偿失了。

将欲败之,必姑辅之;将欲取之,必姑与之。

——《战国策·魏策》

[释义]想要打败敌人,不妨先给它点便宜;想要得到东西,不妨先给它点东西。

将欲论人短长,先顾自己何若。

——《荆园小语》

[释义]想要议论别人长短,要先看看自己做得如何。

将贪财则奸不禁,将内顾则士卒慕。

——《三略》

[释义]将帅贪财,下属就会盗窃;将帅思家,士卒就不会安心军旅生活。

将治大者,不治小;成大功者,

不小苛。

——《说苑·政理》

[释义]成就大事业的人不在鸡毛蒜皮的小事上下工夫。

交浅而深者,愚也。

——《后汉书·崔骃列传》

[释义]交情不深而什么话都对他说,这是愚蠢的行为。

交疏自古戒言深,肝胆徒倾致铄金。

——《狂题十八首》

[释义]自古以来都忌讳交情不深而对他说心里话,否则,就是白白地用自己的真诚去换取诽谤。

交贤方汲汲,友直每偲偲。

——《代书一百韵寄微之》

[释义]应尽力结交好的朋友,正直的朋友经常互相批评,彼此激励。

交之道,犹素之白也,染之以朱则赤,染之以蓝则青。

——《谯子》

[释义]交朋友就像白的东西,用红色染它,就变成红色;用蓝色染它,就成为青色。比喻交友应当慎重。

骄不与罪期而罪自至,罪不与死期而死自至。

——《说苑·法诫》

[释义]骄傲的人并不想到会有罪过,但罪过却找上门来了;犯罪的人并没有预料到会导致灭亡,但其结果却是死路一条。

骄富贵者戚戚,安贫贱者休休。

——《省心录》

[释义]以钱财地位为骄傲的人,常常忧心忡忡;安于清贫的人,常常悠闲自得。

骄人好好,劳人草草。

——《诗经·毛诗》

[释义]骄傲自满的人,总是得意忘形;谦虚谨慎的人,总是居安思危。

教人者,成人之长,去人之短也。

——《默觚下·治篇》

[释义]教导别人,就是使人家的优点得到发扬,使人家的缺点得到克服。

结交贵乎谨始。

——《宋元学案》

[释义]交朋友的最可贵之处,在于刚开始之时就能谨慎。

节乎己者,贪心不生。

——《文中子》

[释义]能节制自己的私欲,就不会产生贪婪的念头。

节食则无疾,择言则无祸。

——《西畴老人常言》

[释义]饮食能节制,就不会得病;说话有选择,就不会招来祸患。

今古惟称知己少,驱山塞海事无难。

——《赠陶指挥》

[释义]古往今来,虽然知音难遇,但有几个同道朋友齐心合力,连驱山塞海也不难了。

今人有过,不喜人规,如护疾而忌医,宁灭其身而无悟也。

——《周子通书·过》

[释义]有了过错而不接受别人规劝,就好像对医生隐瞒自己的疾病,宁可毁灭自身也不醒悟似的。

竭泽而渔,岂不获得?而明年无鱼。

——《吕氏春秋·义赏》

[释义]放干了池水去捉鱼,岂有不获得的道理,只可惜待到明年就无鱼可捕了。比喻做事应留余地,不要只顾眼前利益,不顾长远利益。

戒于近者,不侈于远。

——《官箴》

[释义]能现在就警惕自己不做坏事,在今后也就不犯大错误了。

金刚则折,革刚则裂。

——《说苑·敬慎》

[释义]金属太坚硬了便容易被折断,皮革太硬了就突然皮裂。

矜功不立,虚愿不至。

——《战国策·齐策》

[释义]夸耀自己功劳的人,达不到目的;凭空幻想的人,也不能实现自己的愿望。

矜己任智,是蔽是欺。

——《陆机集·丞相箴》

[释义]自以为了不起,过分相信自己,就是自欺,自己蒙蔽自己。

尽己而不以尤人,求身而不以责下。

——《贞观政要·公平》

[释义]事情做不好要尽量在自己身上找原因,不要埋怨他人和下属。

近贤则聪,近愚则聩。

——《皮日休文集·耳箴》

[释义]多接近贤人,听听他们的言论,心里就透亮;如果接近愚人,尽听他们的言论,心里就糊涂。

近朱者赤,近墨者黑。

——《傅鹑觚集·太子少傅箴》

[释义]接触朱砂就会染红,接近黑墨就会沾黑。现在常用来比喻接近好人,可以使人变好;接近坏人,可以使人变坏。

精诚所加,金石为开。

——《论衡·感虚》

[释义]对人能够真诚实意,对方就是像块金石那样坚硬,也会被打动。

径步窄处,须让一步与人行;滋味浓时,须留三分与人食。

——《史典·应体系》

[释义]走到狭窄的地方,应让一步给别人行;吃到佳肴美味时,须留三分给别人吃。说明待人接物总应谦让为好。

敬一贤则众贤悦,诛一恶则众恶惧。

——《群书治要·体论》

[释义]敬重一个贤人,所有的贤人都会高兴;惩处一个恶人,所有的恶人都会畏惧。

静则人不扰,俭则人不烦。

——《南史·陆慧晓传》

[释义]能安居处静,就不会有什么麻烦的事儿;能勤俭度日,便不会有什么烦恼。

酒极则乱,乐极则悲,万事尽然。

——《史记·滑稽列传》

[释义]饮酒过分了,就会昏乱失礼;行乐过头了,就会转化为悲哀,万事都是如此。

救已败之事者,如驭临崖之马,休轻策一鞭。

——《格言联璧·处事》

[释义]挽救已经的挫败的事情,就好像驾驭着马在悬崖上走,那一鞭是要特别慎重的。

居安思危,有备无患。

——《左传·襄公十一年》

[释义]你在安乐时能保持警惕,有了准备,就会免遭祸患了。

居必择地,行必依贤。

——《皮日休文集·足箴》

[释义]住家必须选择好邻居,出行必须选择贤者。

居丰行俭,在富能贫。

——《晋书·陆云疏》

[释义]丰年来要厉行节俭,富有时能过清贫生活。

居高常虑缺,持满每忧盈。
——《萎华林园戒诗》

[释义]处于高位之时,应常常考虑会有被免职的时候;处于盛满的地位时,要经常想会有溢出来的时候。

居心不净,动辄疑人,人自无心,我徒烦扰。
——《荆园小语》

[释义]心存杂念,动不动就怀疑别人;别人无心,自己反而招致烦恼。

居心要宽,持身要严。
——《西岩赘语》

[释义]对待别人要宽厚,对自己要严格。

居上位而不骄,在下位而不忧。
——《易经·乾传》

[释义]在上位不骄傲自大,在下位就无须担忧了。

局外之言,往往多中。
——《荆园小语》

[释义]局外人说的话,常常是很中肯的。说明旁观者看问题容易客观。

举不失德,赏不失劳。
——《左传·宣公十二年》

[释义]举荐人才,不要把有德的人遗漏;赏赐官爵,不要忘记有功劳的人。

举大事者,不忌小怨。
——《资治通鉴·汉纪》

[释义]凡是要干大事的人,在用人方面从不计较个人之间的小恩怨。

举一纲众目张,弛一机万事隳。
——《中说·关朗篇》

[释义]提起网纲,许多网眼就张开,如果一个环节不抓紧,一切事情都会毁掉。

惧谗邪则思正身以黜恶。
——《谏太宗十思疏》

[释义]如果担心别人造谣生事,首先要端正自己的心,并且把奸人从身边赶走。

决策于不仁者险,阴计外泄者败。
——《素书》

[释义]和坏人商量决策是危险的,秘密的计划向外泄露就会

失败。

决弗敢行者,百事之祸也。

——《史记·淮阴侯列传》

[释义]到了下决断之时,竟不敢毅然执行,这就是一切事情的祸源。

觉后必改,改后必不复,便是勇长处。

——《观微子》

[释义]一旦发现错误就要纠正,纠正之后不再重犯,这叫做勇气增添了。

觉人之诈而不说破,待其自愧可也。若夫不知愧之人,又何责焉?

——《荆园小语》

[释义]发现别人不老实不必说破它,可以等待他自我觉悟。如果对方是个不知羞耻的人,又何必去指责他呢?

绝江海者托于舟,致远道者托于乘。

——《说苑·尊贤》

[释义]要靠船才能渡江过海,想要到达远处要靠骑马。比喻只有重用贤人,才能完成大业。

君乘车,我戴笠,他日相逢下车揖;君担簦,我跨马,他日相逢为君下。

——《古歌谣·越谣歌》

[释义]真正的友谊,不会因为彼此地位悬殊而改变。

君子爱日以学,及时而成;难者不避,易者不从。

——《意林·曾子》

[释义]君子能抓紧时间学习碰到难处不退缩,遇到容易的地方也不马虎随便。

君子表不隐里,明暗同度。

——《意林·魏子》

[释义]君子表里如一,嘴里说的和心里想的都一样。

君子博学而日参省乎己,则知明而行无过矣。

——《荀子·劝学》

[释义]君子能够广博的学习知识,每天又能自我检查,所以变得更加聪明,行动也不会有过失。

君子不患人之不己知,患不自知也。

——《陈确集·瞽言》

[释义]君子不怕别人不了解自己,怕的是没有自知之明。

君子不矜己善，而乐扬人善。

——《西岩赘语》

[释义]君子不夸耀自己的优点，而乐于宣扬别人的长处。

君子不轻施恩，施恩则劝；不轻动罚，动罚则惩。

——《呻吟语·刑法》

[释义]君子不轻易对人施恩，施恩就能鼓励人做好事；也不轻易动罚，动罚就要起到惩戒坏人的作用。

君子不失口于人，故言足信也。

——《礼记·表记》

[释义]君子对人不说不该说的话，所以他说的话都是可信的。

君子不失足于人，不失色于人，不失口于人。

——《礼记·表记》

[释义]君子对人的举动能够谨慎，待人能够严肃，对人不说错话。

君子不听窕言，不受窕货。

——《韩非子·难二》

[释义]君子不听谬言，不接受不应得的财货。

君子不畏虎，独畏谗夫之口。

——《论衡·言毒》

[释义]君子不怕老虎，唯独就怕造谣者的一张嘴。

君子不羞当面。

——《僧尼共犯》

[释义]正派人有话不怕当面直说。

君子不以己所能者病人，不以人所不能者愧人。

——《礼记·表记》

[释义]君子不会以自己所能干的去责求他人，不以别人所不能干的去使人羞愧。

君子不以形迹疑人，亦不以言语信人。

——《西岩赘语》

[释义]君子不会根据举止和神色随便怀疑别人，也不会光凭言谈而轻易相信一个人。

君子不以言举人，不以人废言。

——《论语·卫灵公》

[释义]君子不因光凭人家说得好听就举荐他，也不应因为人家有缺点，连有用的话都弃掉不加以采纳。

君子不欲多上人。

——《左传·桓公元年》

[释义]君子不把自己凌驾于他人之上。

君子不责人所不及,不强人所不能。

——《文中子》

[释义]君子对别人的不足之处不求全责备,不勉强别人去做难以做到的事情。

君子成人之美,不成人之恶。

——《论语·颜渊》

[释义]君子成全人家的好事,不支持别人丑恶的行为。

君子耻不修,不耻见污。

——《荀子·非十二子》

[释义]君子所惭愧的是自己没有高尚的道德,而不去计较别人说自己的坏话。

君子宗人之德,扬人之美,非谄毁谀也。

——《荀子·不苟》

[释义]君子崇敬他人的高尚品德,称颂他人的长处,这不叫做巴结奉承。

君子淡如水,岁久情愈真。小人口如蜜,转眼如仇人。

——《逊志斋集·朋友》

[释义]君子的交谊像水一样清淡,但时间越久愈见真情;小人甜言蜜语,但转眼之间就变成仇人。

君子贵人而贱己,先人而后己。

——《礼记·坊记》

[释义]君子首先能尊重别人,先为别人着想,随后才考虑到自己。

君子好人之好,而忘己之好;小人好己之好,而忘人之好。

——《意林·法训》

[释义]君子喜欢别人对他提缺点,所以没有错误;而小人厌恶人家批评他,因此常有过失。

君子和而不同,小人同而不和。

——《论语·子路》

[释义]君子之间彼此团结友爱,但有不同意见,却要进行争论;小人嗜好相同,但彼此争名夺利,钩心斗角。

君子见人之厄则矜之,小人见人之厄则幸之。

——《公羊传·宣公十五年》

[释义]君子见人身困厄境,就加以同情支援;而小人见人身遭灾

难,就要幸灾乐祸。

君子莫大于学,莫害于画,莫病于自足,莫罪于自弃。

——《晁氏客语》

[释义]对于君子来说,没有比学习更重要的事情了,没有比懒惰更有害的了,没有比自满更糟糕的了,也没有比自暴自弃更坏的了。

君子求诸己,小人求诸人。

——《论语·卫灵公》

[释义]君子对自己要求严格,而小人喜欢苛求别人。

君子如春风,可爱不可竭;小人如酒颜,但得暂时热。

——《息交》

[释义]君子就像春风那样和蔼可亲,他的友情是长久的;而小人就像酒醉后的脸红似的,过了一会儿就退红了。

君子山岳定,小人丝毫争。

——《秋怀十五首》

[释义]君子在大是大非的问题上,其立场就像高山那样不可动摇;而小人往往在蝇头小利上,彼此争执不休。

君子上达,小人下达。

——《论语·宪问》

[释义]君子通达于仁义,小偷通达于财利。

君子上交不谄,下交不渎。

——《易经·系辞下》

[释义]君子与地位高的人结交不谄媚,与地位低的人交往不轻慢。

君子慎所择,休与毒兽伍。

——《杂兴》

[释义]君子在交朋友时要注意选择,不要结交品德不好的人。

君子盛德而卑,虚己以受人。

——《韩诗外传》

[释义]君子虽有高尚的道德,但自认为很卑微,他总是虚心地接受别人的意见。

君子受言以达聪明。

——《默觚·治篇》

[释义]君子能接受别人的意见,使自己变得聪明起来。

君子泰而不骄,小人骄而不泰。

——《论语·子路》

[释义]君子泰然自若但不骄傲,而小人骄傲但不能泰然自若。

君子坦荡荡,小人长戚戚。

——《论语·述而》

[释义]君子襟怀坦白,思想乐观;而小人总是心胸狭窄,忧虑重重。

君子无以貌取人。

——《抱朴子·刺骄》

[释义]高尚的人,不会凭一个人的外表来判断一个人。

君子下学而无常师,小人耻学而羞不能。

——《群书台要·体论》

[释义]君子能向不如自己的人学习,只要人家有长处就不耻下问,所以没有一窍不通的老师;而小人看不起不如自己的人,不愿意向人家请教。

君子先择而后交,小人先交而后责。

——《中说·魏相篇》

[释义]君子是先选择而后交朋友,而小人则是先交朋友而后再加以苛求。

君子陷人危,必同其难。

——《资治通鉴·汉纪》

[释义]因为自己的原因而使人陷入危境,君子必定要和他同患难。

君子言有坛宇,行有防表,道有一隆。

——《荀子·儒效》

[释义]君子说话有界线,行为有标准,用心能专一。

君子扬人之善,小人讦人之恶。

——《贞观政要·公平》

[释义]君子喜欢赞扬别人的长处,小人乐于攻击人家的短处。

君子遗人以财,不若善言。

——《孔子家语·六本》

[释义]君子与其送人钱财,倒不如给人留下有益的话。

君子以首先轻重人,小人以势力轻重人。

——《古今药言·憬然录》

[释义]君子用首先的标准来衡人,小人以势力的大小来看待人。

君子以行言,小人以舌言。

——《孔子家语·颜回·孔子语》

[释义]君子用行动说话,小人用舌头说话。

君子以细行律身,不以细行取人。

——《默觚下·治篇》

[释义]君子在小事上时时严格要求自己,但不以小事来苛求别人。

君子因誉而情疏,因诤而友密。

——《名言》

[释义]君子疏远恭维自己的人,亲近对自己直言规劝的人。

君子有三患:未之闻,患不得闻;即得闻之,患不得学;即得学之,患不能行。

——《孔子家语·疏证》

[释义]君子有三种忧虑:没听到的道理,怕听不到;已经听到了,怕学不到;已经学到了,怕不能照着去做。

君子有三戒:少之时,血气未定,戒之在色;及其壮也,血气方刚,戒之在斗;及其老也,血气既衰,戒之在得。

——《论语·季氏》

[释义]君子三个阶段需要注意:少年时容易冲动,要注意不要在情感上出问题;中年时血气方刚,应告诫自己不要和别人争斗;老年时,心态走向平和,要正确对待自己得到的东西。

君子协定有主善心,而无胜人之色。

——《韩诗外传》

[释义]君子有决意干好事的心理,外表却没有胜过别人的表情。

君子约言,小人先言。

——《礼记·坊记》

[释义]君子说话很简约,小人总是喜欢夸夸其谈。

君子与君子以同道为朋;小人与小人以同利为朋。

——《朋党论》

[释义]品德高尚的人之间的交往,是以共同的理想为基础的;品质低劣人之间的交往,是以共同的私利为基础的。

君子讷于言,而敏于行。

——《论语·里仁》

[释义]君子说话很谨慎迟钝,对于工作却勤劳敏捷。

君子之守,修其身而天下平。

——《孟子·尽心下》

[释义]君子首先努力培养自己的品行,然后去影响别人,从而使天下太平。

君子之心不胜其小,而气量涵盖一世;小人之心不胜其大,而志意拘守一隅。

——《格言联璧·存养》

[释义]君子的心很小，但气量能容得下整个世界；小人的心很大，但意志却局限于一个角落。

君子之心，欲人同其善；小人之心，欲人同其恶。

——《二程语录》

[释义]高尚的人的想法，总是希望别人也像他那样好；而卑劣的人的心思却巴不得人家也像他那样坏。

君子之学进于身，小人之学进于利。

——《文中子·天地篇》

[释义]君子学习的目的在于改造自己，而小人的学习是为了谋取私利。

君子之学也以美其身，小人之学也以为禽犊。

——《荀子·劝学》

[释义]君子的学习是为了培养自己优美的品质；小人的学习是为了取悦于人。

君子之学也，忧不得乎实，不忧名之不得也。

——《薛方山纪述》

[释义]君子追求学问，担心的是得不到实际的效益，而不忧虑得不到名气。

吾子之言，寡而实；小人之言，多而虚。

——《说苑·说丛》

[释义]君子的话少而实在，小人的话多而虚假。

君子之遇艰阻，必反求诸己，而益自修。

——《二程全书·伊川·易传三》

[释义]君子遇有行不通的事，一定要反过来从自身找原因，从而加强自我修养。

君子周而不比，小人比而不周。

——《论语·为政》

[释义]君子团结，但不勾结；小人勾结，却不团结。

K

开敢谏之路,纳逆己之言。

——《傅子·通志篇》

[释义]应当开辟敢于提批评意见的渠道,勇于采纳与自己心愿不一致的言论。

可言也,不可行,君子弗言也。

——《礼记·缁衣》

[释义]说得到却做不到的事,道德高尚的人宁可不说。

可与言而不与之言,失人。

——《论语·卫灵公》

[释义]该对他讲的而不讲,这样,本来这个人有可取之处,反而因不了解他而失去了。

可憎者,人情冷暖;可厌者,世态炎凉。

——《故事语考·岁时》

[释义]最可恨的是,在别人得势时,百般亲热;在别人失势时就十分冷淡。

渴时一滴如甘露,醉后添杯不如无。

——《增广》

[释义]在别人急需时给予帮助,就是数量再少,也很有意义;如果人家已经很多了,再给予帮助,就没有什么意思了。

口不容而强吞之者,必哽。

——《抱朴子·任能》

[释义]嘴里容不下,而硬是大口吞咽的,必然会卡住喉咙。比喻做事不量力而行,就会把事情办糟。

口腹不节,致病之因;念虑不正,杀身之本。

——《省心录》

[释义]饮食没有节制,就会引起疾病;心术不正,必然遭到杀身之祸。

枯木逢春犹再发,人无两度再少年。

——《增广》

[释义]枯木到了春天还能重新发绿长芽,但谁都不会有两次少年。比喻青春可贵。

苦莫苦于多愿。

——《素书》

[释义]人的最大痛苦就是自己的欲望太多,而无法满足。

苦言药也,甘言疾也。

——《史记·商君列传》

[释义]不顺耳的话像良药一样,甜言蜜语却像病菌似的。

苦药利病,苦口利行。

——《贞观政要》

[释义]比喻真诚的劝告或尖锐的批评,听起来不舒服,但很有好处。

狂夫之乐,知者哀焉;愚者之笑,贤者戚焉。

——《战国策·赵策》

[释义]癫狂的人欢乐,聪明的人为他感到悲哀;愚蠢的人高兴,贤明的人为他感到难过。

跬步不休,跛鳖千里。

——《淮南子·说林训》

[释义]只要半步半步地前进,跛行的鳖也能爬到千里。比喻只要坚持不懈,即使天资很差,也能获得成功。

L

来世不可待，往世不可追也。
　　——《庄子·人间世》

[释义]对未来不能消极等待，过去的时光不会再来。

兰芳不厌谷幽，君子不为名修。
　　——《养正遗规》

[释义]兰花喜欢长在幽谷，在无人欣赏的情况下，仍然发出芳香；君子就像兰花，他修养自己，并不是为了名利。

劳谦虚己，则附之者众；骄慢倨傲，则去之者多。
　　——《抱朴子·刺骄》

[释义]谦虚待人，必有很多人亲近你；骄傲自大，必有很多人离开你。

劳思善敏丰财。
　　——《逊志斋集·来耜》

[释义]如果能善于思考，巧于耕作，就会很快迎来丰收。

老者安之，朋友信之，少者怀之。
　　——《论语·公冶长》

[释义]让老人得到安定生活，使朋友得到信任，使少年受到关怀。

类不可两也，故知者择一而壹焉。
　　——《荀子·解蔽》

[释义]一身不能兼做两件事，所以聪明的人总是选择一件事专心地干下去。

类君子之有道，入暗室而不欺。
　　——《萤火赋》

[释义]有道德的人，即使在别人看不见的地方，也不做亏心事。说明君子的举止光明磊落。

礼，不妄说人，不辞费。
　　——《礼记·曲礼》

[释义]所谓礼貌,就是不要随便议论人,说话不啰唆。

礼貌过盛者,情必疏。
——清·申居郧

[释义]过分地讲求礼貌,他对你的感情肯定是不会亲密的。

礼人不答,反其敬。
——《孟子·离娄上》

[释义]对别人有礼貌,而得不到相应的回报,那得反问自己,是不是做得还不够恭敬。

力不敌众,智不尽物。
——《韩非子·八经》

[释义]一个人的力量再大,也敌不过众人;一个人再聪明,也不可能什么都知道。

力能胜贫,谨能避祸。
——《齐民要术·序》

[释义]辛勤劳动可以战胜贫困,谨慎行事可以避免灾祸。

力贵突,智贵卒。
——《刘子·遗速》

[释义]力量贵在迅速、突发,智慧贵在能够应急。

力作不求富,富自到矣。
——《论衡·命禄》

[释义]尽最大的努力去劳动,虽然不求得富有,而财富自然会到来。

立德践言,行全操清,斯则富矣,何必玉帛之崇乎!
——《抱朴子·广譬》

[释义]树立高尚的品行,实践自己的言语,操守廉洁,这就是富有了,何必要去追求那堆积如山的玉帛呢!

立德之本,莫尚乎正心。
——《傅子·正心篇》

[释义]修身立德最根本的是要使自己的心地纯正。

立志言为本,修身行乃先。
——《言行相顾》

[释义]人的立志,语言忠实是它的根本;修养自己的品德,应以行动为先。

利害心憧,而是非之衡眩矣。
——《陈确集·别集·瞽言》

[释义]私利能使人的心变蠢,以致丧失权衡是非的能力。

利可共而不可独,谋可寡而不可从。
——《省心录》

[释义]有利要和大家共同享受,不能独占;但谋略只能和少数

人商量,而不能由很多人来决定。

利在一身勿谋也,利在天下者谋之;利在一时勿谋也,利在万世者谋之。

——《格言联璧·丛政》

[释义]不谋一己之利,而谋天下之利;不谋一时之利,而谋万世之利。

良贾深藏若虚,君子有盛德若无。

——《大戴礼记·曾子立言》

[释义]聪明的商人总是把钱藏得很严密,好像身上不名一文;高尚的人总是谦虚过人,从不在别人面前显示自己。

良药苦于口,而智者劝而饮之,知其入而已己疾也。

——《韩非子·外储者说左上》

[释义]良药苦口,聪明人懂得自己要喝下去,因他知道这能治好自己的病。比喻批评的意见虽不好听,但却能使人进步。

良医者,常治无病之病,故无病;圣人者,常治无患之患,故无患。

——《淮南子·说山训》

[释义]说明要防病防患于未然。

两心不可以得一人,一心可得百人。

——《淮南子·缪称训》

[释义]对人不虚心,连一个朋友也得不到;而对人虚心真诚,就可以得到很多朋友。

两叶能蔽目,双豆能塞聪。

——《杂兴》

[释义]两片树叶可把双眼遮住,两颗豆子也会挡住听觉。比喻小事也会蒙蔽人的视听,使人看不到事物的全貌。

量粟而舂,数米而炊,可以治家,而不可以治国。

——《淮南子·诠言训》

[释义]比喻只注意小事,过于谨慎的人,就不能从事大事业。

量入以为出。

——《礼记·王制》

[释义]要按照收入的多少,确定开支的限度。

燎原之火,星星也;干霄之木,菁葱也。

——《木几冗谈》

[释义]一点的火星,可以蔓延成燎原的烈火;青青的小苗,便会长成参天的大树。

林中多疾风,富贵多庚言。
——《盐铁论·国疾》

[释义]山林中经常刮大风,富贵的人常常听到奉承的话。

临财毋苟得,临难毋苟免。
——《礼记·曲礼上》

[释义]面对财物,不能用不正当的手段得到它;面对危难,不能用不正当的手段逃避它。

临祸忘忧,忧必及之。
——《左传·庄公二十年》

[释义]在祸头上,还不知忧虑;这样,祸患就要来了。

临渴掘井,悔之何及!
——《封神演义》

[释义]等到口渴时才去挖井,后悔也晚了。说明在事情发生前,就应早做准备。

临事须替别人想,论人先将自己想。
——《汉书·董仲舒列传》

[释义]遇事要替别人着想,评论别人先要想想自己。

流水不腐,户枢不蠹。
——《吕氏春秋·尽数》

[释义]流动的水不会腐臭;常常转动的门轴不会被虫蛀。

流丸止于瓯臾,流言止于智者。
——《荀子·大略》

[释义]滚动的弹丸到凹凸不平的地方就停止了;流言蜚语传到智者那里就再也传不下去了。

录人一善,则无弃人;采材一用,则无弃材。
——《意林·魏子》

[释义]人家有一个优点如能加以肯定,就不会遗弃有用的人;如果木料有一点用处就采来,就不会遗弃有用的材料。

路不险,则无以知马之良;任不重,则无以知人之材。
——《意林·中论》

[释义]道路不险恶,就无法知道马的好坏;任务不重,也就不知道人的才能如何。

路遥知马力,日久见人心。
——《争报恩》

[释义]路途遥远,可以知道马的力气大小;时间长了,可以看出人心的好坏。

露才,是君子大病痛,尤莫甚于饰才。
——《西沤外集·药言》

[释义]炫耀自己的才学,是君子的大毛病;但还没有那种明明没有才学却装得满有学识的毛病大。

履,德之基也;谦,德之柄也。

——《易经·系辞下》

[释义]言行一致是道德的基础,谦虚是首先的根本。

虑不及精,思不及睿,焉能无咎。

——《文中子·立命篇》

[释义]考虑不精细,思想不深明,怎能不犯错误呢?

虑事周密,处心泰然。

——《琼琚佩语·接物》

[释义]事前能周密思考,就能处之泰然。

虑壅蔽,则思虚心以纳下。

——《谏太宗十思疏》

[释义]害怕受蒙蔽,就要思考虚心接受下边的意见。

鸾凤竟粒于庭场,则受亵于鸡鹜。

——《抱朴子·博喻》

[释义]凤凰如果在庭院和鸡鸭争食谷料,就要受鸡鸭的侮辱了。

论功报赏,不主有功,朝野失望,人怀二志。

——《太平御览·兵部·警备》

[释义]有功劳的人得不到奖赏,当官的和老百姓都会失望,人们会因此产生异心。

论亲情不索疑猜,交财帛须要分明。

——《海浮山堂词稿·前调·十劣》

[释义]对自己人要充分信任,但在财物的往来上一定要分明。

论人当节取其长,曲谅其短;做事必先审其害后计其利。

——《格言联璧·处事》

[释义]评论人要看他的长处,原谅他的缺点;做事要预先弄清它的害处,然后估计它的好处。

论人物当论是非,不当论成败。

——《铁公良测语·谆风》

[释义]评价人物应以是非为标准而不能看他成功或者失败。

论事不可趋一时之轻重,当思其久而远者。

——《从政遗规·薛文清公要语》

[释义]看问题不能只看眼前,应从长远考虑。

论事当问理之是非,岂计事之大小。

——《省心短语》

[释义]评价一件事情,应当问问是否有理,怎能计较事情的大小呢?

论先后,知为先;论轻重,行为重。

——《语类》

[释义]知识和实践比起来,要先掌握知识;但实践却比掌握知识显得重要。

M

马不伏枥不可以趋道；士不素养不可以重国。

——《汉书·李寻传》

[释义]马不在圈里饲养，就不能快走；人不经常修炼涵养，就不能有用于国家。

买邻之直，贵于买宅。

——《太平御览·州郡部》

[释义]选择一个好邻居，比买一座好宅院还要重要。

买马不论足力，而以黑白为仪，必无走马矣！

——《尸子》

[释义]如果买马不看它的脚力如何，而一味以毛色是黑是白为标准，就不能得到千里马。比喻选贤应该看他是否有真才实学，不是看他的外表如何。

满盈者，不损何为？慎之！慎之！

——《朱舜水集·谦》

[释义]自满的人怎么会不招来损失呢？这是值得警惕的。

满招损，谦受益。

——《尚书·大禹谟》

[释义]骄傲自满会招来损失，谦虚谨慎会得到益处。

满则虑谦，平则虑险，安则虑危。

——《荀子·仲尼》

[释义]荣耀时要想到谦虚，平安时要考虑到危险。比喻人们做事要居安思危地考虑。

慢人亲者，不敬其亲者也。

——《三国志·魏书》

[释义]不尊敬别人父母的人，肯定也不会敬重自己的父母。

毛羽不丰者，不可以高飞。

——《战国策·秦策》

[释义]比喻行动应根据条件。

茂林之下无丰草，大块之间无

美苗。

——《盐铁论·轻重》

[释义]在茂密的森林里不会有丰茂的草,在大土块里长不出好禾苗。

貌合心离者孤,亲谗远忠者亡。

——《素书·遵义》

[释义]表面团结、内心离异的人必然势单力薄;亲近搬弄口舌的小人,疏远诚笃的君子必然灭亡。

貌轻则招辱。

——《法言·修身》

[释义]容仪举止轻佻就会招来侮辱。

貌言,华也;至言,实也;苦言,药也;甘言,疾也。

——《史记·商君列传》

[释义]表面上好听的话,是华而不实的;知心的话,是实在的;刺耳的话,是克服缺点的良药;甜言蜜语,可以把人引入歧途。

貌曰恭,言曰从,视曰明,听曰聪。

——《尚书·洪范》

[释义]容貌要恭敬,言谈要正确无误,看问题要明察,听事情要聪敏。

每一食,便念稼穑之艰难;每一衣,则思纺绩之辛苦。

——《贞观政要·教戒太子诸王》

[释义]每吃一顿饭,都应该想到农民的不容易;每穿一件衣服,都应想到纺织人的辛苦。

每有患急,先人后己。

——《三国志·蜀书》

[释义]每当有祸患或危难的事情发生,应当首先关心的是别人,其次才是自己。

每自多者,出人不远矣。

——《韩诗外传》

[释义]常常觉得自己很有才能的人,他不会比别人强多少。

美疢不如恶石。

——《左传·襄公二十三年》

[释义]表面上一团和气,不如直言规谏有好处。

猛虎能食人,不幸而遇之,必疾走以避;小人能媚人,人喜与之亲,不幸而同利害,必巧为中伤。

——《省心录》

[释义]猛虎吃人,所以人见了必然赶快躲避;小人喜于吹捧人,所以人们都喜欢和他亲近,但在利

害冲突面前,他必然巧妙地诬蔑你,使你受害。

迷而知返,得道未远。

——《魏书·高谦之传》

[释义]误入迷途但还知道返回,那么走不多远就会走上正道。

迷者不问路,溺者不问遂。

——《荀子·大略》

[释义]迷路是因为不去向人问路,溺水是因为不去向人问涉水哪里最浅。

靡不有初,鲜克有终。

——《诗经·大雅》

[释义]大凡做事,都能在开始时好好干,却很少能贯彻始终,获得良好结果。

绵绵不绝,蔓蔓若何?毫末不掇,将成斧柯。

——《逸周书·和寤解》

[释义]草嫩小的时候不除掉,等长成长长的蔓子就不好办了;树木在幼苗时不拔掉它,就会长成斧头柄那么粗大。

勉汝言须记,闻人善即师。

——《送舍弟》

[释义]勉励你的话必须记住,听说人家有长处,就应当拜他为师。

勉哉夫子,行矣勉旃。

——《口箴》

[释义]要经常勉励自己,做事一定要谨慎。

勉旃复勉旃,慎无悲蹉跎。

——《惜阴》

[释义]千万要珍惜自己的青春,切莫现在失时,将来伤悲!

面从后言,古人所诫。

——《资治通鉴·魏纪》

[释义]古人最忌讳的是,表面服从而背后反对。

面庚之词,有识者未必悦心;背后之议,受憾者常若刻骨。

——《格言联璧·接物》

[释义]当面的恭维,不一定能使有识的人感到高兴;背后的议论,使受议论的人常常极其痛苦。

面誉者,背必非。

——《省心录》

[释义]当面恭维你的人,背后必然要说你的坏话。

面折其过,退称其美。

——《西岩赘语》

[释义]当面指责他的错误,背

后称赞他的优点。

民可近也,而不可上也。

——《国语·周语》

[释义]待人,可以亲近他们,但不能凌驾他们之上。

民生在勤,勤则不匮,是勤可以免饥寒也。

——《古今药石·续句警篇》

[释义]勤劳能使生活无所匮乏,不受饥寒。

敏而好学,不耻下问。

——《论语·公冶长》

[释义]聪明而又好学,不以向地位学识较低的人求教为耻辱。

敏于事而慎于言,就有道而正焉。

——《论语·学而》

[释义]行事敏捷,言语谨慎,主动向有道有学问的人请教,从而改正自己的错误。

名不可以虚伪取也,不可以比周争也。

——《群书治要·体论》

[释义]名声这个东西既不可用欺骗的手段去取,也不能用结党营私的办法去争。

名不正则言不顺,言不顺则事不成。

——《论语·子路》

[释义]名义不正当,道理就讲不通;道理讲不通,事情就难于成功。

名不足以尽善,而足以策善。

——《昨非集》

[释义]名誉不能使人尽善尽美,但能够鞭策人向善。

名成未敢便忘筌。

——《唐诗纪事》

[释义]成名之后不敢把赖以成名的条件忘了。

名高毁所集,言巧智难防。

——《姜兮吟》

[释义]名望高了,就成了毁谤的目标;花言巧语的中伤,即使是聪明的人也难以防备。

名高忌起,宠极妒生。

——《劝戒全书》

[释义]声名高于别人的或受宠过分的人,必然招来忌妒。

名贵与而不贵取。

——《薛方山记述》

[释义]人的名誉贵在别人给予,不贵在从别人那儿取来。

名过其实者损。

——《韩诗外传》

[释义]名声大于实际情况的人，他的名声就不能保住。

名节至大，不可妄交非类。

——《琼琚佩语·人品》

[释义]名誉节操是最大的事，所以不能跟一些不三不四的人交朋友。

名节重泰山，利欲轻鸿毛。

——《无题》

[释义]要把名誉气节看得像泰山一样重，要把利和欲看得像鸿毛一样轻。

名心胜者，必作伪。

——《蕉窗日记》

[释义]热衷于功名的人，一定会弄虚作假。

名者，公器，不可以多取。

——《与元九书》

[释义]名誉是公众享有的东西，个人不应占有太多。

名者实之宾也，实有美恶，名亦随之。

——《西畴老人常言》

[释义]名声的好坏是随着你的行为的美丑而来的。

明镜所以察形，往古者所以知今。

——《孔子家语·观周》

[释义]镜子能照出人的形貌，历史可以给今人提供经验。

明镜止水以澄心，泰山乔岳以立身，青天白日以应事，霁月光风以待人。

——《格言联璧·惠吉》

[释义]心地要像明镜和青水一样清澄，立身要像泰山一样高大，做事要像青天白日一样光明正大，待人要像霁月光风一样襟怀坦荡。

明莫大于自见，聪莫大于自闻。

——《中论·修本》

[释义]高明的观察，没有过于能够看清自大所为的是非；聪敏的听闻，没有过于能够听清自己说话的好坏。

明日复明日，明日何其多，日日待明日，万事成蹉跎。

——《明日歌》

[释义]明天过了还有明天，明天是何等多啊。如果总是把今天

的事推到明天,到了明天又等明天,那就什么事也做不成了。

明者见危于无形,智者视祸于未萌。

——《徽蜀文一首》

[释义]精明的人在危险没有到来时就能看到;聪慧的人在祸患没有产生时就能发现。

明者,不以其短疾人之长,不以其拙病人之工。

——《邓析子》

[释义]明哲的人不因自己的短处,妒忌别人的长处,不因自己笨拙憎恨别人的精巧。

明者慎微,智者识几。

——《后汉书·陈忠列传》

[释义]明智的人对微小的事情也能保持警惕。

明者销祸于未萌。

——《资治通鉴·汉纪》

[释义]聪明的人总是把祸患消灭在没有产生的时候。

明者远见于未萌,智者避危于无形,祸固多藏于微,而发于人之所忽。

——《省心短语》

[释义]精明的人在事情未发生之前就能预见;聪明的人在危险尚未形成之时就能避开。祸患多隐藏在隐蔽细微之处,发生在人们疏忽的地方。

磨不磷,涅不缁,惟圣人为然。

——《陈确集·别集》

[释义]磨之不薄,染之不黑,只有品行高尚的人才能做到。

磨剑莫磨锥,磨锥成小利。

——《出门行》

[释义]应当磨剑,不要磨锥。锥磨得再锋利,所起的作用毕竟有限。比喻人应着眼于大事。

末大必折,尾大不掉。

——《左传·昭公十一年》

[释义]树梢大了,树木必然会被折断;动物的尾巴大了,就必然难以转身。

没齿而无怨言,圣人以为难。

——《资治通鉴·魏纪》

[释义]一辈子连句怨恨的话都不说,这恐怕连圣人也难于做到。

莫大之祸,起于斯须之不忍。

——《王文公文集》

[释义]最大的祸患就在于一时的不忍耐。

莫待临崖失马收缰晚,只恐船到江心补漏迟。

——《牧羊记·小逼》

[释义]不要等到悬崖边上再收住马缰绳,到了江心再补船洞就晚了。比喻事情发展到不可挽回的地步,再采取措施就来不及了。

莫谓世材难见用,须知天意不徒生。

——《王令集·大松》

[释义]不要以为世间有才之士难于被起用,应当知道造物主创造他们时并不是无缘无故的。说明有才能的人终有大用。

莫笑无危道,虽平更隐人。

——《雪中送人北游》

[释义]不要盲目乐观地以为没有危险的道路,唯独平坦的地方更容易使人跌跤。

莫言造物浑无意,好丑都来失旧容。

——《诗人玉屑》

[释义]不要说造物主全是无心的;无论好的丑的,都会在时光的流逝中失去它原来的面貌。

莫以孤寒耻,孤寒达更荣。

——《读友人诗》

[释义]不要因为自己贫寒而感到羞耻,殊不知这样的人一旦有所作为就会更光荣。

谋及下者无失策,举及众者无顿功。

——《盐铁论·刺议》

[释义]遇事与下面商量的人不会失策,能发挥大家作用的人不会成功。

谋先事则昌,事先谋则亡。

——《说苑·说丛》

[释义]谋划好了再去行动,就能繁荣昌盛;行动之后再去谋划,就会灭亡。

谋泄者事无功,计不决者名不成。

——《战国策·齐策》

[释义]计谋一旦泄漏,就不会成功;遇事犹豫不决,就不会成名。

木受绳则直,金就砺则利。

——《荀子·劝学》

[释义]木材接受绳墨的纠正,就能变直;金属在磨刀石上磨过,就变得锋利。

木秀于林,风必摧之;堆出于岸,流必湍之;行高于人,众必非之。

——《昭明文选·运命论》

[释义]大风总是要先吹倒树林中特别高大的树木；急流总是先冲刷岸边突出的土堆；行为出众的人，必然受到世俗人的诽谤。

木之折也，必通蠹；墙之坏也，必通隙。

——《韩非子·亡征》

[释义]木头断了，因为里面有蛀虫；墙壁倒塌了，由于里面有缝隙。说明事物败坏，其自身必有原因。

目不能两视而明，耳不能两听而聪。

——《荀子·劝学》

[释义]眼睛不能同时看清楚两样东西；耳朵不能同时听清楚两种声音。比喻学习必须专心，才能有所成就。

N

乃知把交难,须有知人明。
——《寓意诗》

[释义]如果知道选择朋友很难,就必须有知人之明。

男儿屈穷心不穷。
——《野歌》

[释义]男儿身处困境时,仍然胸怀壮志。

男儿少壮不树立,挟此穷老将安归?
——《王文公文集·忆昨诗示诸外弟》

[释义]男子汉不在青年时期有所建树,到了老的时候怎么了此一生呢?

男儿自有守,可杀不可苟。
——《古意》

[释义]男儿自有操守,宁可杀身,也不损失大节。

男子受恩须有地,平地不受等闲恩。
——《东周列国志》

[释义]志士接受人家的恩惠应当根据自己的能力情况,我平生就不愿意随便接受人家的恩典。

难酬之恩休受,难久之友休交。
——《格言联璧·持躬类》

[释义]不要接受难以报答的恩惠,万勿结交难以久处的朋友。

难得而易失者,时也。
——《后汉书·皇甫嵩列传》

[释义]难以挽留住的而又容易失去的东西,就是时间了。说明人应当珍惜时间,努力进取。

难将一人手,掩得天下目。
——《读李斯传》

[释义]妄想用一个人的手遮住天下人的耳目是办不到的。

难胜莫如己私。
——《二程粹言·论学篇》

[释义]战胜自己的私心是最困难的。

内举不避亲,外举不避怨。
——《贞观政要·公平》

[释义]凡是有才的人就应当推荐,不应当因为是你的亲人,怕被别人嫌疑,就有意回避,或者因为他是你的仇人就埋没了人家的才能。

内清外浊,弊衣裹玉。
——《太玄经》

[释义]心灵贞洁的人,而外表丑陋,就像一件破旧衣衫裹着一块宝玉。

内外相应,言行相称。
——《韩非子》

[释义]表里如一,言行一致。

能媚我者必能害我,宜加意防之。
——《格言联璧·接物》

[释义]能奉承我的人,必然也能害我,所以应当特别对这种人加以提防。

能下人者,其志必高,其所致必远。
——《牧民忠告》

[释义]能屈就他人之下的人,必有很高的志向,他一定能达到远大的目标。

能行至公,莫要乎无忌。
——《傅子·通志篇》

[释义]要想办事公正,没有比无妒之心更重要的了。

能言者,未必能行;能行者,未必能言。
——《说苑·说丛》

[释义]能说的人未必能做,能做的人未必能说。

能遗其身,然后能无私,无私然后能至公。
——《中说·魏相篇》

[释义]能够忘记自身利益的人,才能无私,无私就会大公。

能者不可弊,败者不可饰。
——《韩非子·有度》

[释义]对有能力的人不能掩盖,对无能的人不能粉饰。

能周小事,然后能成大事;能积小物,然后能成大物。
——《关尹子·九药篇》

[释义]做小事情而能坚持到底的,大的事情才有可能取得成功。

逆境长存戒心,故以之成君子;顺境易生放心,故以之陷小人。

——《西岩赘语》

[释义]处逆境的人常存警惕、戒备之心,因此成了有道德的人;处顺境的人容易产生放纵恣肆之心,因此变成了道德低下的小人。

逆则生,顺则夭矣;逆则圣,顺则狂矣。

——《默觚·治篇》

[释义]敢于对抗逆流就能生存,听天由命只有死亡;敢于对抗逆流就聪慧,随波逐流就会狂愚。

匿病者,不得良医。

——《春秋繁露·执贽》

[释义]怕别人知道自己的病的人,不会有高明医生为他治疗。比喻掩饰自己过失的人,得不到别人的帮助。

匿人之善,斯为蔽贤。

——《孔子家语·辨政》

[释义]掩盖别人的长处,这就是埋没贤才。

年难留,时易陨,厉志莫赏徒劳疲。

——《鞠歌行》

[释义]岁月不能挽留,光阴容易逝去,应当随时激励自己的意志,不要庸庸碌碌地过一生。

年长以倍,则父事之。

——《礼记·曲礼上》

[释义]年龄比自己大一倍的,应该以敬奉父亲的礼节对待他。

念己之短,好人之长,近仁也。

——《意林·法训》

[释义]不忘自己的缺点,学习他人的优点,这算是已经接近高尚的品德了。

念人之过,必亡人之功。

——《吕氏春秋·注》

[释义]老是不忘别人的错误,就会抹杀别人的功绩。

鸟同翼者而聚居,兽同足者而俱行。

——《战国策·齐策》

[释义]飞鸟羽毛相同的才落在一起,野兽脚爪相同的才走在一起。比喻人以群分,物以类聚。

宁可正而不足,不可邪而有余。

——《增广贤文》

[释义]宁可坚守正直之道以致使自己的利益得不到满足,也不可搞邪门歪道,使自己得很多

利益。

宁人负我,我无负人,此待己之道也。

——《牧民忠告》

[释义]宁可别人对不起自己,也不能使自己对不起别人,这是待己的方法。

宁为世人笑其拙,勿为君子病其巧。

——《西岩赘语》

[释义]宁可让世俗小人笑话你笨拙,也不要让君子批评你狡猾。

宁为有瑕玉,不作无瑕石。

——《玉堂丛语》

[释义]宁可作有污点的玉,而不作没有污点的石头。

宁为玉碎,不为瓦全。

——《北齐书·元景安传》

[释义]宁做玉器被打碎,不做瓦器而保全。比喻宁可为正义事业牺牲,决不屈辱偷生。

宁伪作不知不为,不伪作假知妄为。静不露机,云雷屯也。

——《三十六计·假痴不癫》

[释义]宁可装作糊涂而不行动,不可冒充聪明而轻举妄动。要沉着,不泄露一点机密,就像冬季的云雷屯聚收藏,待机而动一样。

宁有求全之毁,不可有过情之誉。

——《西沤外集·药言剩稿》

[释义]宁愿得到别人的求全责备的指责,不可得到过分的赞誉。

宁直毋媚,宁介毋通,宁恬毋竞。

——《蕉窗日记》

[释义]做人宁可正直而不献媚奉承;宁可耿介也不靠非法手段求得亨通;宁可恬淡也不和别人争权夺利。

宁走十步远,不走一步险。

——《三侠五义》

[释义]宁可绕道走,不可冒险抄近路。

佞人善养人私欲也,故多私欲者悦之。

——《傅子·矫违》

[释义]善于巧言谄媚的人最会助长别人的私欲,所以私心重的人喜欢这种人。

佞言似忠,奸言似信。

——《省心短语》

[释义]花言巧语貌似忠诚,奸诈的言辞貌似诚信。

弄巧成拙,为蛇画足。

——《拙轩颂》

[释义]本想要弄聪明,结果做了愚事,就像画蛇添足一样。

怒不变容,喜不失节,故是最为难。

——《三国志·魏书》

[释义]要做到发怒之时面不改色,高兴之时不失去常态,这是最难做到的。

怒不犯无罪之人,喜不从可戮之士。

——《诸葛亮集》

[释义]愤怒不能对着无罪的人;喜爱不能施之有罪之士。

怒不过夺,喜不过予。

——《荀子·修身》

[释义]愤怒时不对人过分地处罚;高兴时不对人过分地赐予。

怒如烈冬,喜如温春。

——《意林》

[释义]对人发脾气,给人的感觉像严冬那样寒冷;和颜悦色地待人,如春天那般温暖。

怒者常情,笑者不可测也。

——《资治通鉴·唐记》

[释义]发怒是人之常情,但不发怒而常把笑容挂在面上的人,这是最难让人猜测的。

诺而寡信,宁无诺;予而喜夺,宁无予。

——《木几冗谈》

[释义]许了愿却很少守信用,宁可不许愿;送给人家东西,却又拿回来,宁可不给。

懦,事之贼也!

——《左传·哀公十四年》

[释义]怯懦是成功的敌人!

P

咆哮者不必勇,淳谈者不必怯。

——《抱朴子·清鉴》

[释义]大声叫闹的人,未必就是勇敢的;语调温和的人,不见得就是怯懦的。

朋友不心,面朋也;在而不心,面友也。

——《法言·学行》

[释义]交朋友而不能真诚相待,以心相见,就是貌合神离的朋友。

朋友不信,则交易绝。

——《臣轨下》

[释义]如果不能以诚对待朋友,这种交情容易失去。

皮之不存,毛将焉附。

——《左传·僖公十四年》

[释义]连皮都不存在了,毛还在哪儿长呢?比喻基础没有了,建筑在这个基础上的东西也就无法存在了。

贫而无谄,富而无骄。

——《论语·学而》

[释义]贫穷不谄媚,富有不骄傲。

贫贱之交不可忘,糟糠之妻不下堂。

——《后汉书·宋弘传》

[释义]贫贱时的朋友不能忘记,共患难的妻子不可抛弃。

贫莫贫于不闻道,贱莫贱于不知耻。

——《药言剩稿》

[释义]最大的贫乏是听不进正理,最卑贱的是不知羞耻。

贫人莫简弃,有食最须呼。但惠封疮药,何愁不奉珠。

——《全唐诗补逸》

[释义]对于贫苦的人不要怠

慢抛弃,有食物就要招呼一下。如果能接济他们的困难,还怕人家将来不用珠子来报答你吗?

贫生于富,弱生于强,知己生于治,危生于安。

——《与伍侍郎别》

[释义]在困难时结交的朋友不可忘记,这样的交情时间越长,越觉得令人敬佩。

品卑由于无志,无志由于识低。

——《西岩赘语》

[释义]品行卑劣是因为没有大志,没有大志是由于见识低下。

平不肆险,安不忘亏。

——《长杨赋》

[释义]平安之时不要忘了会有患难的一天,安乐之时切勿忘记这种日子会有丢失的一天。

平生德义人间诵,身后何劳更立碑。

——《经故翰林杨左丞池亭》

[释义]如果一个人品行高尚,在世时被人赞颂,过世之后何必再树碑立传呢?

平生五字律,头白不贪名。

——《陈与义集·适远》

[释义]我的一生始终遵奉着一个信条,那就是一辈子不去贪求虚名。

平生仗忠节,今日往风波。

——《醒世恒言·马当神风送滕王阁》

[释义]平生有坚贞的节操,今日就能经得住风波的考验。

破松见贞心,裂竹看直文。

——《章仇将军良弃功守贫》

[释义]劈开松柏时则见其贞心,裂开的竹子则可看到它的纹理是直的。比喻逆境可以考验出人的真实面貌。

朴能镇浮,静能御躁。

——《西岩赘语》

[释义]纯朴可以克服浮奢;冷静可以克制暴躁。

朴质者近忠,便巧者近亡。

——《新语·辅政》

[释义]纯朴正直的人必然忠诚老实,喜欢谄媚的人最后必然失败。

Q

欺人亦是自欺,此又是自欺之甚者。

——《朱子语类》

[释义]欺骗别人就是欺骗自己,而且是最大的自欺。

其德薄者其志轻。

——《礼记·祭统》

[释义]品德不高尚的人,也就没有远大的志向。

其计乃可用,不羞其位;其言可行,而不责其辩。

——《淮南子·主术训》

[释义]只要他的计谋可用,就不要因为他的地位低下而不加采纳;只要他的话是可行的,就不能由于他的言辞不动听而拒绝接受。

其取材也,惟其良,不问其所产。

——《郁离子·鲁殷》

[释义]比喻使用人才不必讲资历、论出身。

其身正,不令而行;其身不正,虽令不从。

——《论语·子路》

[释义]在上位的人本身行为正当,不发布命令,下面的人也会去干;自己行为不正派,虽然出了教令,人家也不会听你的。

其所善者,吾则行之;其所恶者,吾则改之。

——《左传·襄公三十一年》

[释义]众人欢迎的,我就去办;众人憎恶的,我就改掉。

其欲先民也,必以其身后之。

——《老子》

[释义]要想领导民众,在财利面前,必须把自己放在民众的后头。

其智而明者,所伏必众。

——《封建论》

[释义]一个人有智慧而又明白事理,一定有很多人佩服。

骐骥之速,非一足之力。
——《潜夫论·释难》

[释义]骏马之所以能日行千里,是因为它不是单靠自己的一只脚。

骐骥虽疾,不遇伯乐,不致千里。
——《说苑·建本》

[释义]骏马虽然跑得很快,但如果没有遇见伯乐,也就无法一日而行千里了。比喻人才要靠人发现。

乞火不若取燧,寄汲不若凿井。
——《淮南子·览冥训》

[释义]向人乞火,倒不如自己去取燧钻火;从别人井里汲水,不如自己挖个井。

岂见覆巢之下,复有完卵乎?
——《世说新语·言语》

[释义]被捣翻的鸟窝里,哪里还有完好的鸟蛋呢?比喻整体遭殃,个人也不能幸免。

气习相染,师不如友;爱子弟者,必慎其所舆。
——《迂吟杂录·家戒上》

[释义]朋友给人的影响往往大于老师,所以疼爱子弟的人,在择友的问题上,必须要让他们慎重。

气血之怒不可有,理义之怒不可无。
——《史典·愿体集》

[释义]不应当有个人的义气之怒,但为大义真理而愤怒,却是不可没有的。

器满则溢,人满则丧。
——《省心录》

[释义]器皿里水满了就会向外流,人自满了就会受损失。

千仓万箱,非一耕所得;参天之木,非旬日所长。
——《抱朴子·极言》

[释义]千仓万箱的粮食,不是一时耕作所收获的;参天的大树,不是十天就能长成的。

千金可失,贵在人心。
——《齐书》

[释义]千金可以失掉,但人心不能失去。

千金买邻,八百置舍。
——《琵琶记》

[释义]购置房子的钱只花八

百,而与邻居修好的钱却要花一千。比喻住家要有一个好邻居。

千里之差,失自毫端。

——《后汉书·南匈奴列传》

[释义]造成重大的错误,是由于开头时错了一点点。

千丈之堤,以蝼蚁之穴溃。

——《韩非子·喻老》

[释义]千丈长的大堤,由于有一个小小的蚂蚁洞而崩溃。比喻小事或小处不注意,就会酿成大祸造成严重损失。

千人所指,无病而死。

——《汉书·王喜传》

[释义]被众人所怨恨,没有病也会死掉。比喻众怒不可犯,民心不可违。

千人之诺诺,不如一士之谔谔。

——《史记·商君列传》

[释义]一千个对你唯唯诺诺的人,也不如一个敢于和你直言争辩的人。

前车覆,而后车不诫,是以后车覆也。

——《韩诗外传》

[释义]前边的车翻了,而后面的车不引以为戒,所以后边的车也会翻倒。比喻要从前人的失败中吸取教训。

前虑不定,后有大患。

——《战国策·魏策》

[释义]事先不经过周密考虑,必然有很大的后患。

前事之不忘,后事之师也。

——《战国策·赵策》

[释义]牢记前人的教训,以后做事情就可从中取得教训了。

浅见之家,偶知一事,便言已足。

——《抱朴子·微旨》

[释义]见识浅薄的人,偶尔懂得一件事情,就声称自己已经满足了。

浅人好夸富,贪人好哭穷。

——《西岩赘语》

[释义]浅薄的人喜好夸富,贪财的人愿意在别人面前哭穷。

强不知以为知,此乃大愚。

——《格言联璧·处事》

[释义]本来不知道的事情,却要硬装知道,这是最愚蠢的表现。

强哭者虽病不哀,强亲者虽笑不和。

——《省心短语》

[释义]勉强哭的人,内心并不哀伤;勉强亲近的人,表面虽然笑脸相迎,但内心并不亲密。

强者折,锐者挫,坚者破。

——《管子·法法》

[释义]绷得太紧的东西,便会断掉;太尖的东西,便容易折断;太硬的东西,就容易破裂。

墙崩因隙,器坏因衅。

——《鬼谷子》

[释义]墙壁因有缝隙才会倒塌,器物因有裂痕才会损坏。

墙高基下,虽得必失。

——《后汉书·郭太列传》

[释义]如果地基打得不牢,墙虽然筑得很高,也要倒塌。

巧言令色,鲜矣仁!

——《论语·学而》

[释义]花言巧语,假装和善的人很少有德行!

巧言乱德,小不忍,则乱大谋。

——《论语·卫灵公》

[释义]花言巧语就会损害道德,小事不知忍耐,就会坏了大事。

巧言如簧,颜之厚矣。

——《诗经·小雅·巧言》

[释义]甜言蜜语,出言虚伪的人,脸皮实在太厚了。

且闻过称己,一何过不渝。

——《旅次湘沅有怀灵均》

[释义]一个人能做到刚听批评意见就好好想想,还有什么过错不能改的呢?

亲交中有显贵,对人频言,必招鄙诮。

——《荆园小语》

[释义]如果老是对人夸耀你的亲人或朋友中有显贵的人物,必然被人讥笑看不起。

亲贤学问,所以长德也。

——汉·刘向《说苑·建本》

[释义]亲近贤能的人,向他请教,就会对自己的才智道德有所帮助。

钦哉慎所宜,砥德乃为盛。

——《鲍参军诗·与伍侍郎别》

[释义]为人应当谨慎,不断地磨炼自己,才能养成崇高的品德。

禽鱼之结侣,冰炭之同器;欲其久合,安可得哉?

——《抱朴子·交际》

[释义]鸟儿和鱼交友作伴,把冰炭放在一个器皿里,它们怎么长

久相处呢？比喻志向不同的人，难以在一起相处。

轻财重气，卑躬厚士。

——《陈书·蔡景虡传》

[释义]轻钱财，重气节；谦逊待人，礼贤下士。

轻忽细事，必有重忧。

——《西岩赘语》

[释义]对待细小的事情麻痹大意，必定会有大的忧患。

轻诺必寡信，多易必多难。

——《老子》

[释义]轻易向人许诺，很少能守信用；把事情看得过于容易，做起来必然会遇到很大的困难。

轻信骤发，听言之大戒。

——《西沤外集·药言剩稿》

[释义]轻信别人的话，并且急切地作出反应，这是听人说话时最应戒备的。

轻言轻动之人，不可以与深计。

——《省心短语》

[释义]不能和轻言妄动的人计议大事。

轻言则纳侮。

——《蕉窗日记》

[释义]说话不谨慎，就会招致侮辱。

轻与必滥取，易信必易疑。

——《薛文清公读书录·丛政》

[释义]随便给人家东西，必然也随便拿别人的东西；轻信的人，必然容易怀疑。

轻誉苟毁，好憎尚怒，小人哉。

——《中说·礼乐篇》

[释义]随便称赞别人，或者无缘无故诋毁人家；喜欢憎恶别人，轻易发怒的人，这种人就是小人。

轻誉者失实，轻许者失言。

——《名言》

[释义]随便赞美别人，往往不符合实际；轻易许诺别人，常常都是不讲信用的。

轻则寡谋，骄则无礼。

——《国语·周语》

[释义]轻举妄动的人做事缺乏思考，骄傲自满的人待人无礼。

轻则失本，躁则失君。

——《老子》

[释义]轻率就会失去根本，急躁就会失去主意。

勤能补拙,俭以养廉。

——《格言联璧·从政》

[释义]勤劳可以弥补笨拙,俭朴可以培养廉洁的美德。

勤与俭,治生之道也。不勤,则寡入;不俭,则妄费。

——《训俗遗规》

[释义]勤俭是维持生活的根本之道;不勤收获就少,不俭就会造成浪费。

穷不易操,达不患失。

——《省心录》

[释义]贫穷时不要变自己的节操,显达时不要斤斤计较个人得失。

穷则变,变则通,通则久。

——《易经·系辞下》

[释义]事物发展到了尽头,就要发生变化,变革了才能继续发展下去,这样才能永久存在。

求道者,不以目而以心。

——《新书·修政语》

[释义]要掌握事物发展的规律,不是用眼睛看看就行了,而是要用自己的脑子好好思考。

求木之长者,必固其根本;欲流之远者,必浚其泉源。

——《谏太宗十思疏》

[释义]要想树木长得高大,应当使它的根部长得稳固;要想让泉水永远畅流,必须疏通它的源头。

趋人之急,甚于己私。

——《汉书·游侠传》

[释义]对别人的困难要尽快帮助解决,甚至要超过关心自己的事情。

曲木恶直绳,奸邪恶正法。

——《盐铁论·申韩》

[释义]弯曲的木头厌恶直的绳墨,奸邪之徒憎恶公正的法律。

取火泉源,钓鱼山巅,鱼不可得,火不肯然。

——《易林·比》

[释义]比喻做事方向、方法错了,便会徒劳无功。

取人之言而弃其身,盗也。

——《新序》

[释义]采用人家的建议,而又抛弃了人家,这是一种强盗行为。

去草绝根,在于未蔓。

——《陈书·周迪传》

[释义]根除杂草,要趁它还没有蔓延的时候。

去得一分己私,便是一分

圣学。

　　——《本语》

　[释义]能减去一分私心,便能得到一分圣人的学问。

　　去邪无疑,任贤勿贰。

　　——《战国策·赵策》

　[释义]除掉坏人不要犹豫不决,任用贤人不要三心二意。

　　全则必缺,极则必反。

　　——《吕氏春秋·博志》

　[释义]太全了就一定要缺,事物发展到了顶点,就会向相反的方面转化。

　　泉竭则流涸,根朽则叶枯。

　　——《六代论》

　[释义]源头枯竭,水流就会干涸;树根烂了,树叶就会枯萎。

　　犬不以善吠为良。

　　——《庄子·徐无鬼》

　[释义]善叫的狗,不见得就是一只好狗。

　　劝君不用镌顽石,路上行人口似碑。

　　——《五灯会元》

　[释义]劝你不必要修建什么记功碑,只要多做好事,所有的人都会纪念你。

　　劝人不可指其过,须先美其长,人喜则语言易入,怒则语言难入。

　　——《能改斋漫录·要逢吉裴度谏穆宗》

　[释义]劝人改过,首先要肯定其长处,这样才容易接受;如果惹他生气,无论什么话也就难听进去了。

R

染不积,则人不观其色;行不积,则人不信其事。
——《中论·贵验》

[释义]物品不染上颜色,看起来就不美丽;人不多做好事,就无法取得别人的信任。

染习深者,难得净洁。
——《陆象山先生语录》

[释义]恶习很深的人,是难以洗干净的。

让得实,争得歉。
——《不下带编》

[释义]遇事能谦让,就会得到吉祥;如果寸利必争,就要自取祸害了。

人必其自敬也,然后人敬诸。
——《法言·君子》

[释义]一个人首先要知道自重,然后人家才会尊重他。

人必自侮,然后人侮之。
——《孟子·离娄上》

[释义]人都是首先有自取侮辱的行为,随后别人才侮辱他。

人不可以无耻,无耻之耻,无耻矣。
——《孟子·尽心上》

[释义]人是不能没有羞耻心的,没有羞耻的那种羞耻,才真正是不知羞耻呀!

人不可以自弃,荒田尚有一熟稻也。
——《吴下谚联》

[释义]人生一世,要奋发图强,不能自暴自弃,瘦田里还有一次丰收呢!

人不可与不胜己者处,钝滞了人。
——《上蔡先生语录》

[释义]不应和不如自己的人相处,这样便会使自己日益呆笨了。

人不可自恕,亦不可令人

恕我。

——《西沤外集·莂言》

[释义]人不应该自己原谅自己,也不应该叫别人原谅自己。

人不自重,斯召侮矣;不自强,斯召辱矣。

——《薛方山纪述·上篇》

[释义]人不知自重自爱,自立自强,就会招来侮辱。

人不知自其过者,不明也。

——《恭文清公读书录·警训》

[释义]一个人不能知道自己的错误,这是由于糊涂的缘故。

人不知而不愠,不亦君子乎?

——《论语·学而》

[释义]人家不了解自己并不怨怒,这样的人,不也算得是君子吗?

人才不甚相远,只看好学不好学,用心不用心耳。

——《仕学正则》

[释义]人的天资本来没有多大差别,只看好学还是不好学,用心不用心罢了。

人才虽高,不务学问,不能致圣。

——《说苑·说丛》

[释义]有的人虽然天资很高,但如果不努力学习,最后也不能成才。

人常存得温和恻怛之意,便自然可爱。

——《戒庵老人漫笔·人贵温和恻怛》

[释义]对自己的错误能够痛改,处世能够温和,这样的人便自然使人觉得可爱了。

人道恶盈而好谦。

——《易经·彖传·谦》

[释义]人之常情都是讨厌骄傲自大的人,而喜欢谦虚的人。

人当富贵时,家中常不失寒素风味,乃能载福。

——《郭嵩焘日记》

[释义]人在富贵时,能够保持节俭的作风,这样就能保住幸福了。

人多以老成,则不肯下问,故终身不知。

——《近思录集注》

[释义]人常常认为自己阅历深,通达事理,就不肯放下架子向别人请教,所以一辈子都没有学问。

人而不学,虽无忧,如禽何!
——《法言·学行》

[释义]人不学习,虽然不会有大患,但和禽兽有什么两样呢?

人而好善,福虽未至,祸其远矣。
——《中论·修本》

[释义]人如果能好善,福虽然还没到来,但和祸的距离却是很远的。

人而无信,不知其可也。
——《论语·为政》

[释义]一个人不讲信用,不知道他怎么办了?

人而无学,则不能烛理;不能烛理,则固执而不通。
——《观物外篇》

[释义]一个人没有学问,就不明事理;不明事理,就会固执,而不知道通权达变。

人而无义,唯食而已。
——《列子·说符》

[释义]人不知大义,只知一餐,如同禽兽。

人非人不济,马非马不走。
——《曾子·制言》

[释义]一个人没有其他人帮助,就不能成功;一匹马没有别的马一齐拉车,就不能急趋。

人非生而知之,孰能无惑?惑而不从师,其为惑也,终不解矣。
——《师说》

[释义]人不是生下来就有知识的,怎能没有疑难问题呢?有了疑难问题不向老师请教,最后还是不明白到底是怎么回事。

人非圣贤,孰能无过。
——《训俗遗规》

[释义]人不是圣贤,怎能不犯错误呢?

人非尧舜,谁能尽善。
——《与韩荆州书》

[释义]人不是尧舜那样的圣人,怎么能够尽善尽美呢?

人固未易知,知人亦未易也。
——《史记·范雎列传》

[释义]人固然不容易被人所了解,但是了解一个人也是不容易的。

人固有一死,或重于泰山,或轻于鸿毛。
——《报任少卿书》

[释义]每个人都难免一死,但

有的人死得比泰山还重；有的人死得连一根鸿毛的价值都不如。

人患不知其过，既知之，不能改，是无勇也。

——《五箴》

[释义]人担心的是不知道自己的过错，已经知道了而不能改过，这是没有勇气的表现。

人毁其满，神疾其邪。

——《后汉书·蔡邕列传》

[释义]人一骄傲自满就会失败，神一不正就会错乱。

人即至哲，必不能掩己之短，以兼人之长。

——《贻友人书》

[释义]最聪明的人，对自己的短处绝对不会掩饰，而能学习别人的长处。

人间万事凭双手。

——《琵琶行》

[释义]世间任何事情都要靠双手苦干、巧干，才能取得成功。

人洁己以进，与其洁也，不保其往也。

——《论语·述而》

[释义]别人把自己弄得干干净净而来，就应赞成他干净的一面，不要老记住他过去不干净的一面。说明人应当为别人的进步而高兴，只要进步了，就不必计较他过去的错误。

人皆狎我，必我无骨；人皆畏我，必我无养。

——《荆园小语》

[释义]人人都敢轻视我，一定是我自己没有骨气，人人都害怕我，一定是我自己没有教养。

人皆以饥寒为患，不知所患者正在不饥不寒尔！

——《鹤林玉露》

[释义]人们都把饥寒看成是可怕的，其实可怕的正是在不饥不寒的时候，人们容易干出一些违法乱纪的事情来。

人皆知涤其器，莫知洗其心。

——《意林·傅子》

[释义]人们都知道把器皿洗得一干二净，而并不知道把自己的心灵弄得纯洁一些。

人皆知防患，莫知使患无生。

——《老子》

[释义]人们都知道防止祸患，却不知道如何不使祸患发生。

人皆知砺其剑，而弗知砺

其身。

——《尸子·劝学》

[释义]人们都知道把自己的宝剑磨得越利越好,但并不知道磨炼自己的品德和学业。

人举其疵则怨人,鉴见其丑则善览。

——《淮南子·诠言训》

[释义]人指出他的缺点,就怨恨,而镜子照出他的丑处,却认为镜子很好。指人不易以人为镜,以克服自己品行上的缺点。

人可以有德,而不可恃其德;可以有才,而不可恃其才。

——《幽志斋集·深虑论》

[释义]一个人应当有高尚的道德,但不能以此骄傲自大;一个人应该有才能,但不能以此向人夸耀。

人苦不自知其过。

——《唐太宗纪》

[释义]人最担忧的是,自己有错但并不自知。

人莫不刚愎自信,刚愎自信,即是自绝。

——《经世要谈》

[释义]人都喜欢固执己见,不听劝告,这样就是自取灭亡。

人莫能左画方,而右画圆也。

——《韩非子·外储说左下》

[释义]一个人不能同时左手画方,右手画圆。说明人不能一心二用。

人莫踬于山,而踬于垤。

——《淮南子·人间训》

[释义]人很少在高山峻岭上摔倒,但却常常在小土丘上跌跤。比喻灾患常常在人们放松警惕之时发生。

人能反己,则四通八达皆坦途也。

——《吕泾黔语录》

[释义]人能多检查自己的弱点、错误,无论走到哪里,都会立于不败之地。

人能每事即始虑终,则必无悔吝之及。

——《钱公良测语·敛情》

[释义]人能在事情一开始就考虑到它的结局,悔恨的事就不会发生了。

人平不语,水平不流。

——《续传灯录》

[释义]人受到平等待遇,也就

没有怨言了；水平静了，也就不会流动了。

人情不能不有过差，宜可阙略。

——《通志二十略·选举略》

[释义]人难免有过错，不可要求过严。

人情贱恩旧，世议逐衰兴，毫发一为瑕，丘山不可胜。

——《代白头吟》

[释义]势利小人，不念过去的情谊，他们评论一个人主要是根据你目前倒霉还是走运，要是倒霉了，他们就会把你一根头发大的缺点，夸张得比山还要大。

人情翻覆似波澜。

——《酌酒与裴迪》

[释义]人情像波澜似的反复无常。

人善我，我亦善之；人不善我，我则引之，进退而已耳。

——《韩诗外传》

[释义]别人对我好，我也对他好；别人对我不好，我就引导他，同他接近或疏远他罢了。

人生不满百，常怀千岁忧。

——《古诗十九首》

[释义]人生虽然活不到一百岁，但常常忧虑上千年的事情。

人生不失意，焉能暴己知？

——《学院公体三首》

[释义]人生不经过坎坷曲折，怎么能很快地增长自己的见识呢？

人生天地间，长路有险夷。遇险即欲避，安得皆通达。

——《元遗山诗集·临汾李氏任运堂二首》

[释义]人生在世，所走的道路必然艰险曲折。如果一碰到困难，就唯恐避之不远，世上还有哪条路可以走得通呢？

人生在勤，不索何获？

——《后汉书·张衡列传》

[释义]人的一生贵在勤奋，要是没有勤奋的精神，哪里会有收获呢？

人生至愚是恶闻己过，人生至恶是善谈人过。

——《西岩赘语》

[释义]人生最愚蠢的事是不愿听到自己的过错，人生最坏的事情是喜欢谈论人家的缺点。

人受谏，则圣；木受绳，则直。

——《孔子家语·子路语》

[释义]人能接受别人的直言劝告，就会成为高尚的人，木头接受绳墨斧锯，就会变直。

人瘦尚可肥，士俗不可医。

——《于潜僧绿筠轩》

[释义]人瘦了还可以胖起来，人庸俗了是不可救药的。

人谁无过？过而能改，善莫大焉。

——《左传·宣公二年》

[释义]哪个人没有过错呢？有了过错能够改正，这就是最大的好事啊！

人虽至愚，责人则明；虽有聪明，恕己则昏。

——《小学集注·广敬身》

[释义]人即使再愚蠢，批评起别人的缺点来也显得很精明；即使再聪明，对自己的缺点往往宽恕，以至显得非常糊涂。

人所不敢为，乃愚者之不逮，以智文其过，此君子之贼也。

——《与交司谏书》

[释义]因为能力不够而不敢去做，这连蠢人都不如了，若用狡猾的手段文饰自己的过错，这是君子中的败类。

人惟求旧，器非求旧，惟新。

——《尚书·盘庚上》

[释义]用人要选择熟悉的，用物却只要新的。

人未己知，不可急求其知；人未己合，不可急求与之合。

——《从政遗规·薛文清公要语》

[释义]别人还不了解自己，不要急于让人家了解；别人还未同意自己的意见，不要急于强求人家答应。

人无弘量，但有小谨，不能大立也。

——《管子·小谨》

[释义]没有博大的胸怀，只知道谨小慎微的人，是不能成就大事业的。

人无善志，虽勇必伤。

——《淮南子·主术训》

[释义]人如果没有好的志向，那么虽然勇猛，也必然要受到挫伤。

人无远虑，必有近忧。

——《论语·卫灵公》

[释义]一个人如果没有长远的考虑，一定会有不久来到的忧患。

人先信而后求能。

——《淮南子·说林训》

[释义]对于一个人来说,首先应当讲信义,随后再论及他的本领如何。

人心不同,各如其面;面从后言,古人之所诫也。

——《三国志·蜀书》

[释义]人心就像他们的面孔一样总是千差万别的,这当然没有什么奇怪的;古人最警惕的是,当面服从,而背后又反对。

人心恶假贵重真。

——《白居易诗全集·新乐府》

[释义]人心厌恶虚伪,而贵重真诚。

人心未易知,灯台不自照。

——《梁山泊李逵负荆杂剧》

[释义]自己的心不易了解,正像灯光只照别人不照灯台那样。比喻人往往对别人的缺点看得很清楚,但对自己的不足之处却不易看出来。

人有不及者,不可以己能弃之。

——《薛文清公读书录·接物》

[释义]如果别人不及你,也不要以自己的长处去嫌弃别人。

人有德于我,惟恐人知;我有德于人,惟恐人不知,此等人岂可与为友?

——《西岩赘语》

[释义]人家对我的恩德,唯恐被别人知道;我对人家有恩德,唯恐别人不知道,这样的人怎么可以交朋友呢?

人有过失,己必知之;己有过失,岂不自知?

——《省心录》

[释义]别人有错误,自己必然能知道;自己有了错误,怎么反而不知道呢?

人有毁我诮我者,攻之固益其德,安之亦养其量。

——《省心短语》

[释义]有人诽谤我、嘲笑我,我能加强修养,就可以增强自己的道德;能冷静对待,也可以培养自己的宽容大度。

人有求于我,如不能应,当直告以故,切莫含糊,致误乃事。

——《荆园小语》

[释义]别人对我提出要求,如果无法办到,应当坦率说明道理,

千万不能含含糊糊,以免误了大事。

人有小罪非眚,乃维终,自作不典,式尔。

——《尚书·康诰》

[释义]人有小的错误并不可怕,可怕的是一辈子老是不改并反而认为是偶尔所犯。

人于居安时,未知其安,及滨危难始知。

——《钱公良测语·规世》

[释义]人往往在安稳的环境里并不十分珍惜这样的日子,到了面临危难时,才觉得这种日子是多么可贵。

人誉我谦,又增一美;自夸自败,还增一毁。

——《养心遗规》

[释义]别人称赞你,能够表示谦虚,等于增加了一种美德;如果自我吹嘘,就会归于失败,还会受到人家的诋毁。

人一日无米则饥;一日无字则瞽。

——《吴下谚联》

[释义]人一天不吃饭,就要饥饿;一天不读书,就要变成瞎子。

人之交,多取知其不贪,奔败知其不怯,闻流言不信,才可善终。

——《古今药石·续自警篇》

[释义]和人交朋友,尽管朋友多拿了,但知道他并不贪心;即使他失败逃跑了,但知道他并不怯懦,听到有关他的流言蜚语而不相信,这样的友谊才能善始善终。

人之所助者,信也。

——《易经·系辞上》

[释义]对于人最有益的东西是诚实。

人之性也善恶混,修其善则为善人,修其恶则为恶人。

——《法言·修身》

[释义]每个人的本性都有好的和坏的两面性,培养好的,就成为好人,发展坏的,就成为坏人。

人之性,因物则迁;不学,则舍君子而为小人。

——《欧阳修全集·诲学说》

[释义]人的本性随环境而改变,如果不学习,就不能成为道德高尚的人而沦为小人。

人之有过,则面折之,而退无所言。

——《晋书·崔洪传》

[释义]别人有过错,应当面批评他,不要背后议论。

人之知识,若登梯然,进一级,则所见愈广。
——《陆象山集·语录》

[释义]人学知识就像登梯子一样,循序渐进,步步登高。每进一步,都能接触到更多的知识。

仁不轻绝,智不简方。
——《战国策·燕策》

[释义]心地仁慈的人,不轻率和人绝交;富有智慧的人,不怠慢别人。

任贤勿贰,去邪勿疑。
——《尚书·大禹谟》

[释义]任用贤人,不要三心二意;剪除邪恶,不能犹疑不决。

日省其身,有则改之,无则加勉。
——《论语·朱熹注》

[释义]每天检查自己,有缺点就改正它,没有就更加努力。

日中则移,月满则亏。
——《战国策·秦策》

[释义]太阳升到中午就开始西斜,月亮圆到满盈就开始亏缺。比喻物极必反。

荣辱之责,在乎己而不在乎人。
——《群书治要·韩子大体》

[释义]得到荣誉或者招来耻辱,其主要责任在于自己,而不在于别人。

柔之人得酒而暴,恬静之人得酒而躁,简默之人得酒而诽。
——《史典·愿体集》

[释义]温和的人饮酒会变得粗暴,沉静的人饮酒会变得性急,寡言的人饮酒会高谈阔论。

肉腐出虫,木枯生蠹;骄慢在身,灾祸作矣。
——《意林·荀子》

[释义]肉腐烂了就要生蛆,木枯了就要生蛀虫;一个人傲慢无礼,灾祸就将发生。

汝惟不矜,天下莫与汝争能;汝惟不伐,天下莫与汝争功。
——《尚书·大禹谟》

[释义]只要你不自视太高,世人就不会和你比高低;只要你不自夸劳苦功高,天下就不会有人和你争功。

辱,莫大于不知耻。
——《文中子·关朗》

[释义]最大的耻辱,就是不知羞耻。

辱人以不堪必反辱,伤人以己甚必反伤。

——《格言联璧·接物》

[释义]侮辱别人,人家也会反过来侮辱你;你伤害了别人,别人也会伤害你。

入其国者从其俗,入其家者避其讳。

——《淮南子·齐俗训》

[释义]进入他国,随从当地的风俗;到了别人家里,要避开主人的忌讳。

若诚不尽于己而望尽于人,众必怠而不从矣。

——《资治通鉴·唐纪》

[释义]如果自己不忠诚,而希望别人忠诚,那人家肯定不会听你的。

若憎而不知其善,则为善者必惧;若爱而不知其恶,则为恶者实繁。

——《贞观政要·鉴戒》

[释义]如果由于憎恶一个人连他所做的好事也否定了,那么做好事的人一定会感到畏惧;要是因为喜爱一个人,甚至连他所做的坏事也加以颂扬,这样做坏事的人就会日渐增加。

S

塞水不自其源,必复流。
——《国语·晋语》

[释义]堵塞流水不从发源的地方堵,水必定还要流出来。比喻处理问题必须治本。

塞先于未形,禁欲于危微。
——《新论·防欲》

[释义]事情未显露之前就加以阻止,欲念尚轻微的时候就实行禁绝。

啬于己,不啬于人,谓之俭;啬于人,不啬于己,谓之吝。
——《十驾斋养新录·俭》

[释义]对自己吝啬,对别人慷慨,叫做俭;对别人吝啬,对自己大手大脚,叫做悭吝。

山径之蹊间,介然用之而成路;为间不用,则茅塞之矣。
——《孟子·尽心下》

[释义]山坡的小路,经常去走,便会变成大路;只要一段时间不走,那就会被茅草堵塞。比喻做学问要持之以恒,方能取得成功,浅尝辄止,就会失败。

山溜至柔,石炎之穿。
——《孔丛子》

[释义]山泉是最柔和的,却能穿透石头。比喻只要坚持不懈,终会取得成功,达到目的。

山锐则不高,水狭则不深。
——《新序·节士》

[释义]山太尖了就高不了,水太狭窄就深不了。比喻对人要求过分,就无法得人心。

山势崇峻,则草木不茂。
——《琼琚佩语·修己》

[释义]山势过于高峻,那儿的草木就不会茂盛。比喻对人苛刻,就不会有人接近他。

善不积，不足以成名；恶不积，不足以灭身。

——《易经·系辞下》

[释义]不坚持积累好的东西，就不能成名；能不断克服坏的东西，就不会有身败名裂的危险。

善不妄来，灾不空发。

——《后汉书·杨赐列传》

[释义]好事不随便到来，灾祸不凭空发生。

善恶到头终有报，只争来速与来迟。

——《琵琶记》

[释义]做好事、干坏事，终究会得到相应的报答，只不过是时间早晚而已。即常说"善有善报，恶有恶报，不是不报，时间未到"。

善恶同，则功臣倦。

——《三略》

[释义]善恶混同，功不赏，罪不罚，有功的人就倦怠了。

善恶之习，朝夕渐染，易以移人。

——《省心短语》

[释义]好习气和坏习气，在朝夕相处中会逐渐发生影响，很容易改变一个人。

善禁者，先禁身而后人；不善禁者，先禁人而后身。

——《申鉴》

[释义]善于禁止的人，是先禁止自己而后才去禁止别人；不善于禁止的人，是先禁止别人而后才禁止自己。

善气迎人，亲如弟兄；恶气迎人，害于戈兵。

——《管子·心术》

[释义]待人和蔼，就如兄弟；对人态度恶劣，就无异于兵刃相对。

善人同处，则日闻嘉训；恶人从游，则日生邪情。

——《后汉书·爰延列传》

[释义]同品德高尚的人相处，就天天得到美好的教益；和坏人鬼混，就会日益变坏。

善人者，人亦善之。

——《管子·霸形》

[释义]你对人好，别人对你也好。

善为人者能自为者也，善治人者能自治者也。

——《盐铁论·贫富》

[释义]善于为别人着想的人，

他自己能设身处地；会管理别人的人，一定能管理好自己。

善学者师逸而功倍，又从而庸之；不善学者，师勤而功半，又从而怨之。

——《礼记·学记》

[释义]善于学习的人，不用老师费大劲就能收到双倍的效果，并感谢老师功劳；不善于学习的人，老师辛勤地教，结果却事倍功半，他不检查自己，反而埋怨老师。

善学者之于心，治其乱，收其放，明其蔽，安其危。

——《二程粹言·论学》

[释义]善于学习的人会管理自己的思想，不让其混乱，不让其放荡，去掉所受的蒙蔽，使不安情绪平静。

善以不伐为大。

——《人物志》

[释义]不夸耀自己的优点是最大的优点。

善欲人见，不是真善；恶恐人知，便是大恶。

——《治家格言》

[释义]优点想让人知道，就不算真正的优点；缺点生怕别人知道，那就是最大的缺点。

善疑人者，人亦疑之；好防人者，人亦防之。

——《郁离子·任己者术穷》

[释义]爱怀疑别人的人，别人也会怀疑他；喜欢提防别人的人，别人也会提防他。

善为士者不武，善战者不怒，善胜敌者弗与。

——《老子》

[释义]善于做将帅的人不轻易动武，善于打仗的人不被敌人所激怒，善于战胜敌人的人，不与敌人硬拼。

善用威者不轻怒，善用恩者不妄施。

——《格言联璧·接物》

[释义]善于运用威严的人不轻意发怒，善于施加恩惠的人不随便给予人家东西。

善言居室则靡远不应，枉直不中则无近不离。

——《抱朴子·傅喻》

[释义]有嘉言善行，即使在家里，四面八方的人也会响应；为人不正派，即使亲近的人也会离开。

善游者溺,善骑者堕。

——《太平御览·兵部·骑》

[释义]会游水的人往往被淹,会骑马的人往往被摔。指学会某件事以后容易掉以轻心。

善疑者,不疑人之所疑,而疑人之所不疑。

——《东西均·疑何疑篇》

[释义]善于提问题的人,他在别人都不敢怀疑的地方提出怀疑。说明人不要盲从,要敢于提出自己的见解。

善者不辩,辩者不善。

——《老子》

[释义]善良的人不会花言巧语,花言巧语的人不是善良的人。

善则称人,过则称己。

——《礼记·坊记》

[释义]有成绩就归功于别人,有错误就自己承担责任。

善者善之,不善者亦善之。

——《老子》

[释义]对我好的人我对他好,对我不好的人我对他也好。

善战者不羞走。

——《请招降江东表》

[释义]长于打仗的人并不以退走为羞耻。说明进退皆为战争形势所决定,有时可以退为进。

赏不避疏贱,罚不避亲贵。

——《物理论》

[释义]奖赏不要抛开疏远、低贱的人,惩罚不回避亲友、显贵的人。

赏不加于无功,罚不加于无罪。

——《韩非子·难一》

[释义]不要赏赐没有功劳的人,不要惩罚没有罪过的人。

赏不劝谓之止善,罚不惩谓之纵恶。

——《群书治要·申鉴》

[释义]该奖励的不奖励,就叫做压制好人好事;该惩罚的不惩罚,就叫做纵容坏人坏事。

赏必加于有功,刑必断于有罪。

——《战国策·秦策》

[释义]奖赏必须给予有功劳的人,刑罚必须加给有罪恶的人。

赏而不诚不劝也,刑而不诚不戒也。

——《名言》

[释义]奖赏不正确,没有鼓励作用;施刑不正确,也起不到惩戒作用。

赏罚不信,则禁令不行。

——《韩非子·外储说左上》

[释义]奖惩不守信用,那么禁令就得不到施行。

赏罚明则将威行。

——《三略》

[释义]赏罚分明,将帅自然就能建立起威信来。

赏厚而信,刑重而必。

——《商君书·修权》

[释义]奖赏丰富但必须有信用,刑法规定严厉但一定要实行。

赏毫厘之善,必有所劝;罚纤芥之恶,必有所阻。

——《政要论·为君难》

[释义]奖赏微小的善事,对人们也定有鼓舞作用;处罚些小的罪过,对不良的人和事也定会起一种遏止的作用。

赏无度则费而无恩,罚无度则戮而无威。

——《孙子兵法》

[释义]滥发奖赏,浪费了财物而体现不出恩惠;惩罚不适当,杀了人而并无威严。

赏务速而后劝,罚务速而后惩。

——《断刑论下》

[释义]赏赐力求及时,才能起到鼓励的作用;惩罚力求及时,才能起到警戒的作用。

赏者不昵德,诛者不挟怨。

——《名言》

[释义]奖赏不怀私恩,惩罚不带私怨。

上不怨天,下不尤人。

——《礼记·中庸》

[释义]不要怨恨上天,也不要怪罪别人,要严格要求自己。

上不正,下参差。

——《物理论》

[释义]在上位的人不正派,在下面的人就会错误百出。

上德不德,是以有德;下德不失德,是以无德。

——《老子》

[释义]品德高尚的人不标榜自己有德,这是真正有德;缺德的人却标榜自己有德,这是真正的缺德。

上好德则下无隐,上恶贪则下

耻争。

——《孔子家语·王言》

[释义]居上位的人崇尚美德,下面的人就不会干出不可告人的事;居上位的人憎恶贪婪,下面的人就会以争名夺利为耻。

上善如水,水善利万物而不争。

——《老子》

[释义]最好的人像水那样,水帮助万物而不与它们相争。

上士忘名,中士立名,下士窃名。

——《颜氏家训·名实篇》

[释义]高尚的人不图名,一般的人树立自己的声名,下流之人欺世盗名。

上无羡赏,下无羡财。

——《慎子·德威》

[释义]上面不滥发赏赐,下面也不会追求不应有的钱财。

上行之,下效之。

——《周礼·天官太宰》

[释义]居上位的人怎么做,下面的人就会跟着做。

上智者必不自智,下愚者必不自愚。

——《陈确集·瞽言》

[释义]最有智慧的人,必定不自以为有智慧;最愚昧的人,必定不自认为是愚蠢的。说明愚者无自知之明。

少有所得,则欣然以天地之美为尽在己,自以为至足,乃是自暴自弃。

——《宋元学案》

[释义]稍稍有点收获,就盲目乐观,以为天下美好的事物都在自己这儿,并以为很满足,这是自甘堕落,不求进取。

少不勤苦,老必艰辛。

——《省心录》

[释义]少年时期不勤苦学习知识和本领,年老体衰时必然要备受艰辛。

少年易学老难成,一寸光阴不可轻。

——《偶成诗》

[释义]年轻时学习效果好,年纪大了学习就困难多了,所以要十分珍惜时光。

少壮不努力,老大徒伤悲。

——《文选·古乐府·长歌行》

[释义]年轻力壮时不努力学习听讲,等到年纪老大只有枉自伤悲了。

少壮轻年月,迟暮惜光辉。

——《赠诸游旧》

[释义]少壮年轻时,往往不知道光阴的宝贵,但到了老年就觉得日子实在不多了。

奢而无度,则不可赡。

——《汉书》

[释义]任意挥霍,生活就不会富裕。

奢则不逊,俭则固,与其不逊也宁固。

——《论语·述而》

[释义]奢侈使人骄傲,俭朴使人鄙陋,与其骄傲不谦逊,宁肯显得鄙陋一点。

奢者富不足,俭者贫有余。

——《谭子化书·俭化》

[释义]奢侈的人即使富有,也会用度不足;节俭的人即使贫穷,也不会缺乏什么。

奢者心尝贫,俭者心尝富。

——《谭子化书·俭化》

[释义]奢侈的人挥霍无度,心里总感到很贫穷;节俭的人知足,心里总感到什么也不缺少。

舍本逐末,圣贤所非。

——《齐民要术序》

[释义]放弃主要的而追求次要的,是聪明人所反对的。

舍近谋远者,劳而无功。

——《后汉书·臧宫列传》

[释义]舍弃近处的而谋求远处的,花了力气却得不到效果。

深计远虑,所以不穷。

——《素书》

[释义]能考虑、计划得成熟和长远一些,就能免遭困厄和挫折。

身不用德,而望德于人,乱也。

——《耻言》

[释义]自身行为不端正,不足以使人信服;言谈不真诚,不足以使人感动。

身贵而愈恭。

——《荀子》

[释义]地位越是尊贵,就越要恭谨。

身可危也,而志不可夺也。

——《礼记·儒行》

[释义]身体可以受到伤害,志

向是不可改变的。

身是菩提树，心如明镜台。时时勤拂拭，勿使惹尘埃。

——《偈》

[释义]人的身、心本来是洁净的，但有灰尘沾染，因此要时时清擦。现可比喻人应当常常检查缺点错误，以清除世俗的污染。

慎厥初，惟厥终，终以不困。

——《尚书·蔡仲之命》

[释义]做事自始至终都很谨慎，就不会陷于困厄境地。

慎而思之，勤而行之。

——《策林》

[释义]谨慎地思索，勤奋地工作。

慎满盈则思江海下百川。

——《谏太宗十思疏》

[释义]警惕自己骄傲自满，就常常想想江海位于百川之下，所以能容纳百川之水。

慎能远祸，勤能济贫。

——《西岩赘语》

[释义]谨慎可远离祸患，勤俭有助于克服经济困难。

慎终若始，则无败事。

——《老子》

[释义]在事情将要结束时仍能像开始时那样谨慎，就不会失败。

慎于小者，不惧于大。

——《官箴》

[释义]能从小事上谨慎，就不怕在大事上出纰漏。

慎于言者不喧，慎于行者不伐。

——《韩诗外传》

[释义]说话谨慎的人不会大声嚷嚷，行为谨慎的人不会自夸。

声无取猜，誉无致疑。

——《市箴》

[释义]取得声誉不要让人不相信，得到荣誉不要让人有怀疑。说明要名实相符。

生材会有用，天地岂无心。

——《吕衡州文集·赠友人》

[释义]每个人来到世上都有用处，造物者并不是没有目的的。说明人应当有自信力，不能妄自菲薄。

生当为凤友，死不作雁奴。

——《张苍水集·秦吉》

[释义]人生在世应与高尚的人为友，至死也不做一般人的

奴仆。

　　生当作人杰,死亦为鬼雄。
　　　　　　　　——《绝句》

　　[释义]活着的时候应当做人中豪杰,就是死了,也要成为鬼中的英雄。

　　生于忧患,死于安乐。
　　　　　　——《孟子·告子下》

　　[释义]艰苦的环境能锻炼人更坚强地生存发展,安乐的生活容易腐蚀人,使之颓废乃至灭亡。

　　盛满易为灾,谦冲恒受福。
　　　　　　　　——《杂兴》

　　[释义]很自满的人容易招来灾祸,谦让的人总是得福。

　　盛喜中勿许人物,盛怒中勿答人书。
　　　　　　——《格言联璧·接物》

　　[释义]非常高兴时不要许给人家东西;非常生气时不要给人写信。

　　盛者衰之始,福者祸之基。
　　　　　　——《格言联璧·悖凶》

　　[释义]兴盛是衰少的开始,福是祸的根基。

　　胜而不骄,败而不怨。
　　　　　　——《商君书·战法》

　　[释义]打了胜仗不骄傲,打了败仗不埋怨。

　　胜而不骄,故能胜世;约而不忿,故能从邻。
　　　　　　——《战国策·秦策》

　　[释义]胜利了不骄傲,所以能令人信服,约束自己不发怒,所以能睦邻相从。

　　胜非其难也,持之者其难也。
　　　　　　——《淮南子·道应训》

　　[释义]取得胜利并不是很难的,保持胜利才是困难的。

　　胜人者有力,自胜者强。
　　　　　　　　——《老子》

　　[释义]战胜别人的叫做有力量,能克服自身的缺点叫做强大。

　　圣人不畏多难,而畏无难。
　　　　　　——《琼琚佩语·出处》

　　[释义]圣人不怕困难多,而担心境遇太顺利。指困难可以磨炼人。

　　圣人不以独见为明。
　　　　　　——《后汉书·申屠刚传》

　　[释义]圣人不会认为一个人的见解就很高明。

　　圣人不以智轻俗。
　　　　　　——《三国志·魏书》

[释义]圣人不会因为自己富有才智就瞧不起一般人。

圣人不治已病治未病;不治已乱,治未乱。

——《素问·四气调神大论》

[释义]伟大的人能防患于未然,在祸患疾病尚未成为事实时就采取措施。

圣人畏微,而愚人畏明。

——《管子·霸言》

[释义]圣人畏惧祸患的苗头,愚昧的人畏惧明朗化了的祸患。

圣人一视而同仁,笃近而举远。

——《原人》

[释义]圣人待人不分厚薄,一样看待,对亲近者忠实,对疏远的同样看重。

圣人之于善也,无小而不举;其于过也,无微而不改。

——《淮南子·主术训》

[释义]圣人对于别人的才能,尽管再小也要用他,对于自己的过失,再小也要改正。

圣学之要,只在慎独。

——《陈确集·别集·学谱》

[释义]圣人之学的关键,只是在没人注意的时候,仍能谨慎从事。

失晨之鸡,思补更鸣。

——《选举令》

[释义]错过报晓的鸡,想补救自己的失误会叫得更响。比喻想补过的人会更积极地工作。

失之忧,是之不喜。

——《淮南子·泛论训》

[释义]失掉什么不必忧愁,得到了什么也不必高兴。形容不要患得患失。

失之毫厘,差以千里。

——《史记·太史公自序》

[释义]开始差错毫厘之微,最后结果便可能相去千里之遥了,说明做事须慎始。

施人慎勿念,受施慎勿忘。

——《座右铭》

[释义]给了别人东西,千万别总记着;接受了别人给你的东西,千万不要忘了。

时未可而进,谓之躁,躁则事不审而上,必疑;时可进而不进,谓之缓,缓则事不及则上,必违。

——《上蒋侍郎书》

[释义]时机未成熟就进这就

叫做急躁,因为急躁,往往没准备好就动手,就一定会惑乱;时机成熟了却不进,这叫做迟缓,行动迟缓,错过时间之后才动手,这样就会事与愿违,达不到预期目的。

食其食者,不毁其器;荫其树者,不折其枝。

——《韩诗外传》

[释义]吃人家的食物,不要毁坏人家的餐具;在树下乘凉的人,不要折树上的枝条。

使除患无至,易于救患。

——《战国策·燕策》

[释义]消除隐患,比发生了灾患再去补救要容易很多。

使能之谓明,听信之谓圣。

——《管子·四时》

[释义]使用有才能的人叫做精明,听从贤能之人的意见叫做圣智。

使人惧不若使人爱,使人爱不若使人敬。

——《西沤外集·药言剩稿》

[释义]说明要得到人家尊敬是最可贵的。

使人畏威,不若使人畏义。

——《幽志斋集·右第一章》

[释义]使人害怕你的威势,不如使人慑服于正义。

始交不慎,后必成仇。

——《西岩赘语》

[释义]刚交朋友时不慎重选择,最后一定成为仇人。

始于思,终于无思,非不思也,不待思也。

——《鹤林玉露》

[释义]做事开始思考,最后就不思考了,不是不思考,而是无须思考了。

始信淡交宜久远,与君转老转相亲。

——《赠皇甫宾客》

[释义]只有淡薄的君子之交,友谊才能长久保持,这种友谊会跟着年岁增加而更为亲密。

始之易,终之难也。

——《战国策·秦策》

[释义]开始容易,结尾就较困难。

视之明也,鉴于贤,不在见于蚊睫。

——《慎子》

[释义]眼光明锐的人,是因为他善于鉴识贤人,而不在于他能够

看清蚊子的睫毛。

士不厌学,故能成其圣。

——《管子·形势解》

[释义]人能好学不厌,所以才会成为圣人。

士无礼,不可以得贤。

——《淮南子·说林训》

[释义]对人不以礼相待,就得不到贤者。

士无事而食,不可也。

——《孟子·滕文公下》

[释义]一个人不能不劳而食。

士有妒友,则贤交不亲。

——《荀子·大略》

[释义]一个人有爱妒忌人的朋友,那么他的好朋友便与他不亲密。

士有忍死之辱,必有就事之计。

——《后汉书·第五钟离宋寒列传》

[释义]能忍受最大耻辱的人,必定有能任大事的谋略。

恃德者昌,恃力者亡。

——《史记·商君列传》

[释义]倚仗仁德的人昌盛,倚仗暴力的人灭亡。

恃人不如自恃。

——《韩非子》

[释义]依赖他人不如依靠自己。

世道如弈棋,变化不容复。

——《和聂太白并序》

[释义]世上的事好像下棋一样不断地变化,过去的不会再重复。

世人多蔽,贵耳贱目,重遥轻近。

——《颜氏家训·慕贤》

[释义]世人容易受蒙蔽,他们只重视听到的东西,而不重视用眼睛去观察;只看重外来的人,而看不起自己身边的人才。

世人单为"体面"二字,坏却平生。

——《祝子·遗书》

[释义]世俗之人为了得到"体面"的虚荣,把一生都毁了。指为了"体面"而钻营,结果必然不好。

世人结交须黄金,黄金不多交不深;纵令然诺暂相许,终身悠悠行路心。

——《题长安主人壁》

[释义]靠金钱交朋友的人,如果钱不多就交不深;虽然暂时山盟海誓,但最后总是视同路人。

世人漫结交,其后每多悔。

——《怀罗大》

[释义]有些人随便结交朋友,结果往往是要后悔的。

事后掩饰,不如慎始。

——《郭嵩焘日记》

[释义]事情与其做错了再掩饰,不如一开始就谨慎从事。

事急而不断,祸至无日矣。

——《三国志·蜀书·诸葛亮传》

[释义]事情紧急而不能当机立断,灾祸很快就会临头。

事莫待来时忍,欲莫待动时制。

——《中论·贵验》

[释义]事情不要待发生了才去制止,欲念不要等萌动才去克制。

事以密成,语以泄败。

——《韩非子·说难》

[释义]事情因缜密而取得成功;言语因泄漏了而招致失败。

事以急败,思因缓得。

——《西岩赘语》

[释义]办事情操之过急就会失败,问题经过深思熟虑才会有收获。

事之成败,必由小生。

——《淮南子·原道训》

[释义]事情的成功还是失败,都是从小处开始的。

事辍者无功,耕怠者无获。

——《盐铁论·击之》

[释义]办事半途而废的人不会成功,种地偷懒的人不会有收获。

势利之交,难以经远。

——《要览》

[释义]以势利相交的朋友是不会长久的。

受屈不改心,然后知君子。

——《赠韦侍御黄裳》

[释义]身处逆境而不改变志向,这样的人便是君子了。

受人之托,终人之事。

——《琵琶记》

[释义]既然接受别人委托,就要把事情办好。

兽穷则啮,鸟穷则啄。

——《韩诗外传》

[释义]野兽到了窘迫地步就会咬人,鸟到了窘迫地步就会啄人。

树高者鸟宿之,德厚者士趋之。

——《说苑·说丛》

[释义]树高,鸟便会在上面做窝栖息;品德高尚,有才能的人便愿意到他那里做事。

水出于山而走于海,水非恶山而欲海也,高下使之然也。

——《吕氏春秋·审己》

[释义]水从山里流注到大海,并不是水爱海不爱山,而是地势高低不平造成的。比喻在上者英明,贤才便可得到重用。

水至清则无鱼,人至察则无徒。

——《汉书·东方朔传》

[释义]水太清就没有鱼,人过于苛察,对别人求全责备,就不会有朋友。

顺水舟,多狂澜。

——《行路难》

[释义]顺水行舟,多有翻涌的波浪。比喻处于顺境时疏忽大意,反而多危险。

思其始而成其终。

——《左传·襄公二十五年》

[释义]开始周密思考,并努力使之最后成功。

思齐则成,志齐则盈。

——《韩诗外传》

[释义]思虑端正就能成功,志向端正就能长进。

思曰睿,思虑之后,睿自然生。

——《近思录·致知》

[释义]思考就称为智慧;思虑之后,智慧自然就产生了。

私窃为盟,盟终不固。

——《左传·成公二年》

[释义]以私利为基础的联盟,终究是不能巩固的。

讼吾过者是吾师。

——《陈确集·别集·闻过》

[释义]能批评我的错误的人,就是我的老师。

虽笑未必和,虽哭未必戚。

——《择友》

[释义]笑脸相向未必就是知心人,哭声震天未必心里就真的悲痛。

虽星星之火,能烧万顷之田。

——《西游记》

[释义]虽只是一点火星,却能烧毁万顷庄稼。比喻小事可酿成大祸。现用以指有生命力的事物有发展前途。

虽有诚信之心,不知权变,危亡之道也。

——《盐铁论·世务》

[释义]虽然有一片诚挚忠信的愿望,如不知道因事随机应变,那便是一条危险的,甚至会灭亡的路。

岁不寒,无以知松柏;事不难,无以知君子。

——《荀子·大略》

[释义]天不冷,就无从知道松柏耐寒的节操。事情不艰难,就无从知道君子的高贵品质。

损友敬而远,益友宜相亲。

——《逊志斋集·朋友》

[释义]不好的朋友要敬而远之,有益的朋友应当亲密相和。

T

他山之石,可以攻玉。
——《诗经·小雅》

[释义]别的山上的石头,可用来琢磨玉器。原指别国的贤才可为本国的辅佐。现在常用以比喻别人的批评可以帮助自己改正错误,别人的意见,可以弥补自己的不足。

太强必折,太张必缺。
——《六韬》

[释义]一件东西过于坚硬,就容易折断;一件东西张得太大,就容易断裂。

泰山不让土壤,故能成其大;河海不择细流,故能就其深。
——《谏逐客书》

[释义]泰山之所以那样巍峨壮观,是因为它不辞退每块土壤;河海之所以那样深,是因为它不舍弃细小的水流。

桃李不言,下自成蹊。
——《史记·李将军列传》

[释义]桃李有着芬芳的花朵,甜美的果实,它不必向人打招呼,人们也会在树底下走来走去,欣赏它的花朵和果实,以至于走成一条路。比喻实至名归,人应注重实际,不要图虚名。

桃林总芳菲,岂若松柏久。
——《野人清啸》

[释义]桃花虽然美丽芬芳,但怎么能像松柏那样四季长青呢!

天不为人之恶寒也,辍冬;地不为人之恶辽远也,辍广。
——《荀子·天论》

[释义]天不会因为人们厌恶寒冷而取消冬天,地不会因为人们厌恶辽远而缩小面积。比喻君子不会因为小人的喧闹而改变自己的操守。

天不言而人推高焉;地不言而

人推厚焉。

——《群书治要·体论》

[释义]天不自以为高,而人们认为它最高;地不自以为厚,而人们认为它最厚。比喻实至名归,有才德而又谦逊的人更受别人尊重。

天下皆知取之为取,而不知与之为取。

——《后汉书·桓谭冯衍列传》

[释义]世人都知道从外面得到东西叫做"取",但不知道给出去的东西也叫做"取"。

天下莫柔弱于水,而攻坚强者莫之能先。

——《老子》

[释义]天下没有比水更柔轻的,然而攻克坚强的东西什么也不能胜过它。

天下事以难而废者十之一,以惰而废者十之九。

——《颜氏家训》

[释义]世间的事因困难失败的,十件仅有一件;因为懒惰而失败的,十件就有九件。

天下之倾家者莫速于博,天下之败德者亦莫甚于博。

——《聊斋志异·赌符》

[释义]赌博最容易倾家荡产,也最容易败坏道德。

天行健,君子以自强不息。

——《易经·乾传·乾》

[释义]天体都在正常运行,君子应该自觉地努力向上,永不松劲。

天作孽,犹可违;自作孽,不可活。

——《孟子·离娄上》

[释义]自然造成的灾害,还可以逃开;自己造成的灾害,逃也逃不开。

田中之潦,流入于海;附耳之言,闻于千里。

——《淮南子·说训》

[释义]尽管是田里的一点流水,也会注入大海;就是对亲密者的低声耳语,也会传到千里之外。比喻要想人不知,除非己莫为。

听和则聪,视正则明。

——《国语·周语》

[释义]经常听见正理,看见美好的事物,就会心明眼亮。

听他言,被人谩。

——《大沩灵佑师铭》

[释义]如果自己心中毫无主

张,一任听取别人的意见,那就要被人看不起了。

同恶相济,自绝于天。

——《资治通鉴·晋纪》

[释义]干坏事的人互相帮助;那真是自绝于天,无药可救了。

同言而信,信在言前。

——《中论·贵义》

[释义]相同意见的人容易彼此相信;其实他在没有说话前就已经相信了。

同于我者,何必可爱;异于我者,何必可憎。

——《吕言》

[释义]和我意见相同的,不见得就是可爱的人;反对我的,不见得就是可憎的人。

同欲者相憎,同忧者相亲。

——《战国策·中山策》

[释义]欲望相同的人互相忌恨;忧患相同的人互相亲密。

痛莫大于不闻过,辱莫大于不知耻。

——《中说下·关朗篇》

[释义]最大的损失,莫过于不肯听别人的批评;最大的耻辱,就是恬不知耻。

偷安者后危,虑近者忧迩。

——《盐铁论·结和》

[释义]苟且偷安会有危险的后果,眼光短浅灾祸很快就会降临。

投我以桃,报之以李。

——《诗经·大雅·荡》

[释义]别人送我个桃子,我报答他个李子。现在常用来说明人与人之间要礼尚往来。

投之亡地然后存,陷之死地然后生。

——《孙子·九地》

[释义]置于不决战就会死的境地,然后才能奋勇向前,杀敌取胜。

图匮于丰,防俭于逸。

——《晋书·潘岳传》

[释义]在丰收时要谨防匮乏,在安逸时要预防以后发生贫困。

土非土不高,水非水不流,人非人不济,马非马不走。

——《默觚·治篇》

[释义]土不和土堆在一起,就不会变成高山;水不和水汇在一处,就不会流动;人和人不团结在一起,就无法成就事业;马不和马

在一起,就不会赛着走。

土积而成山阜,水积而成江海,行积而成君子。

——《盐铁论·执务》

[释义]土堆积高了就成为山峦,水储存多了就成为江海,品行积累久了就成为高尚的人。

吐言若覆水,摇舌不可追。

——《墙上难为趋》

[释义]说话就像泼水,说出去的话是收不回来的。

推人以诚,则不言而信矣。

——《文中子·周公篇》

[释义]能以诚待人,虽然没说什么,人家也会相信你的。

W

外举不避仇,内举不避子。
——《吕氏春秋·去私》

[释义]推荐外人不回避仇人,推荐家里人不回避自己儿子。说明举用人才应出以公心。

外视者蔽,内视者明。
——《吕言》

[释义]只把眼睛盯在别人的缺点上,就会看不清自己的短处;只有常常检查自己,才能对自己的缺点了如指掌。

玩人丧德,玩物丧志。
——《尚书·旅獒》

[释义]喜欢戏弄别人的人,就会损害自己的道德;醉心于玩赏某些器物或迷恋于一些无利有害的事情,就会丧失积极进取的志气。

万事莫贵于义。
——《墨子·贵义》

[释义]世间一切事情都没有比正义更可贵的了。

亡羊而补牢,未为迟也。
——《战国策·楚策》

[释义]羊跑了再修补羊圈,还不算晚。比喻事情失败后,及时补救,还不为迟。

亡之于微。
——《养生论》

[释义]衰亡从轻微开始。

王者可私人以财,不私人以官。
——《通志二十略·选举略》

[释义]王者可以私自送人钱财,但不能私自送给人官职。

枉己者,未有能直人者也。
——《孟子·滕文公下》

[释义]自己心术不正,绝不能够正人。

往者不可谏,来者犹可追。
——《论语·微子》

［释义］过去的事是不能挽回了,将来的岁月还可以赶上。

往者不可悔,吾其反自烛。

——宋·苏轼

［释义］过去的事情追悔也没有用,但是我们可以从他人的失败中照见自己,从而受到启发和教育。

危人自安,君子弗为也。

——《资治通鉴·晋纪》

［释义］危害别人来使自己得到安全,有德行的人是不肯这样做的。

威而不猛,忿而不怒,忧而不惧,悦而不喜。

——《赏罚》

［释义］严肃但不严厉,愤恨但不发怒,忧虑但不恐惧,高兴但不喜形于色。

威严不足以易于位,重利不足以变其心。

——《战国策·赵策》

［释义］即使受到暴力威胁也不改变气节,即使受到重利的诱惑也不改变操守。

微邪者,大邪之所生也。

——《管子·权修》

［释义］大的罪恶是由小的罪恶发展来的。

为善勿怠,去恶勿疑。

——《薛文清公丛政录》

［释义］做了事不要懈怠,除掉邪恶之事不要迟疑。

为学患无疑,疑则有进。

——《陆象山集·语录》

［释义］学习最怕的是没有怀疑,能怀疑,这就是进步了。说明学习一定要多思考。

为之须恒,不恒则不成。

——《钝吟杂录·将死之鸣》

［释义］做事要持之以恒,否则就不能成功。

为之者疾,用之者舒,则财恒足矣。

——《礼记·大学》

［释义］创造勤快,开销迟缓,那么财物总是充裕的了。

为子孙作富贵计者,十败其九。

——《省心录》

［释义］为子孙作富贵打算的人,十个有九个要失败。

惟不求利者为无害。

——《淮南子·诠言训》

[释义]只有那些不贪求物质私利的人,才不会有灾祸。

惟当同心人,可与论金铁。

——《息交》

[释义]只有志同道合的人,才能结成牢不可破的友谊。

惟德学,惟才艺,不如人,当自励。

——《弟子规》

[释义]如果自己的德行、才学不如别人,就要勉励自己迎头赶上。

惟俭可以助廉。

——《宋史·范纯仁传》

[释义]只有节俭才可以促进自己养成廉洁的操守。

惟宽可以容人,惟厚可以载物。

——《薛文清公读书录·器量》

[释义]惟有自己心胸开阔,才能对人宽容;唯有自己忠厚,才能容纳别人。

惟贤惟德,能服于人。

——《三国志·蜀书·先主传》

[释义]只有品行高尚的人,才能使别人信服。

惟贤者必与贤于己者处。

——《吕氏春秋·观世》

[释义]只有品德高尚的人,才喜欢和比自己更好的人相处。

惟正己可以化人,惟尽己可以服人。

——《西岩赘语》

[释义]只有自己品行端正,才能教育别人;只有严格要求自己,才能使人信服。

唯德自成邻。

——《清明宴司勋刘郎中别业》

[释义]只要自己有高尚的品德,就会有很多的朋友。

违强凌弱,非勇。

——《左传·定公四年》

[释义]见硬则躲,见弱则欺,这不算勇敢。

未信而谏,人以为谤己也。

——《颜氏家训·省事》

[释义]还未取得人家的信任,就急忙用直言纠正对方的错误,这样人家便会认为你在诽谤他。

未有去麓而陟巅,舍近而涉远者。

——《朱舜水集·闲邪》

[释义]从来没有不经过山脚

而可以爬上高山的人,不从近处走起就可以到达远方的人。

未有外貌不庄,心能一者。

——《居业录·心情》

[释义]还没有外貌不庄重的人,他的心志是能够始终如一的。

温故非难也,温故而知新,则难也。

——《庸言》

[释义]复习并不难,难的是通过复习旧的而有新的收获。

闻毁不可遽信,要看毁人者与毁于人者之人品。

——《呻吟语·补贵》

[释义]听到毁谤别人的话不要轻易相信,要看毁谤的人和被毁谤的人的人品如何。

闻毁勿戚戚,闻誉勿欣欣。自顾行何如,毁誉安足论?

——《续座右铭》

[释义]别人诋毁你时,不要悲伤;别人称赞你时,不要得意忘形。要看看自己做得怎么样,这样,毁谤、称赞哪里还值得放在心上呢?

闻记不言,无务多谈;比近不悦,无务修远。

——《说苑·建本》

[释义]道听途说的话不要多谈;跟近处的人都不愉快,就不要向远处发展。

闻人毁己而怒,则誉己者至矣。

——《从政遗规·薛文清公要语》

[释义]听到别人毁谤自己的话就发怒,那么吹捧自己的人就会来了。

闻人之谤当自修,闻人之誉当自惧。

——《居业录·学问》

[释义]听到别人说自己的坏话,就要努力改造自己了;听见别人吹捧自己,就要引起高度警惕。

闻善言则拜,告有过则喜。

——《省心录》

[释义]听到别人对自己善言规谏,就表示感谢;听到别人指出自己的过失,就感到高兴。

我恶人,人亦恶我;我慢人,人亦慢我。

——《宪公家训》

[释义]我厌恶别人,别人也会厌恶我;我轻慢别人,别人也会轻慢我。

我自讳过,安得有直友;我自

喜谀,安得无佞人。

——《西岩赘语》

[释义]好隐瞒自己缺点的人,怎么能有正直的朋友;喜欢听别人恭维的人,怎么会没有花言巧语的人。

无道人之短,无说己之长。

——《座右铭》

[释义]不要谈论别人的缺点,不要夸耀自己的长处。

无德不贵,无能不官,无功不赏,无罪不罚。

——《荀子·王制》

[释义]没有道德的人不能尊贵,没有才能的人不能做官,没有功劳的人不能受赏,没有罪过的人不能惩罚。

无过在于度数,无困在于豫备。

——《尉缭子·十二陵》

[释义]不犯错误在于守法律,不陷于困境在于有准备。

无稽之言,不见之行,不闻之谋,君子慎之。

——《荀子·正名》

[释义]没有根据的言论,没有见过的行为,没有听说过的计谋,君子都是慎重对待的。

无稽之言勿听,弗询之谋勿庸。

——《尚书·大禹谟》

[释义]没有根据的话不要听信,不诚实的计谋不要用。

无口过易,无身过难;无身过易,无心过难。

——《邵子·观物内篇》

[释义]人不说错话容易,不办错事难;不办错事容易,心里没有坏的念头难。

无愧于口,不若无愧于身;无愧于身,不若无愧于心。

——《渔樵对问》

[释义]与其说话正确,不如无愧于自己的行为;无愧于自己的行为,不如有颗正直的心。

无辔而策,则马失道。

——《也丛子·刑论》

[释义]没有缰绳牵引,只用鞭子打,那马就不知往哪里去。

无信患作,失援必毙。

——《左传·僖公十四年》

[释义]不守信义必然惹祸,失去援助必然败亡。

无信人之言,人实不信。

——《诗经·毛诗·子衿》

[释义]不诚实的人说的话,人家不会相信。

无验而言,谓之"妄"。

——《法言·学行》

[释义]没有经过验证的事,就去对人说,这叫"胡说"。

无用吾之所短,遇人之所长。

——《荀子》

[释义]不要用自己的短处去和别人的长处去较量。

无与祸邻,祸乃不存。

——《意林·韩子》

[释义]不和祸患联系在一起,祸患就不会降到你身上。

吾生也有涯,而知也无涯。

——《庄子·养生主》

[释义]人的生命是有限的,而知识是没有止境的。

吾未尝闻吾过,吾亡无日矣。

——《韩诗外传》

[释义]我没有听到别人批评我的过失,我不久就要灭亡了。

毋道人人短,毋说己己长。

——《座右铭》

[释义]不要说别人的短处,不要说自己的长处。

五刃之伤,药之可平。一言成瘸,智不能明。

——《口兵戒》

[释义]被刀刺了五次的巨伤,敷药后还可以愈合。但是如果一句话说得有毛病,便会蒙蔽自己的智慧。

侮慢自贤,反道败德。

——《尚书·大禹谟》

[释义]对人傲慢无礼,对自己自吹自擂,这就叫做违反大义,败坏道德!

侮人者,自侮也。

——《渑水燕谈录·知人》

[释义]侮辱了别人,等于自己侮辱自己。

勿病无闻,病其晔晔。

——《知名箴》

[释义]不必忧愁自己的名声不被人知道;名声太大了,倒值得自己担忧。

勿没没而谙,勿察察为明。

——《旧唐书·张蕴古传》

[释义]不要昏天黑地庸庸碌碌地混日子,也别自以为精明而苛

察小事。

勿慕贵与富,勿忧贱与贫。

——《续座右铭》

[释义]不要对别人的富贵羡慕,不要为自己的贫贱忧愁。

勿恃功能,勿失忠信。

——《心书·出师》

[释义]不要太相信自己有多大本事,不要失去诚挚信用。

勿恃己善,不服人仁。勿矜己艺,不敬人文。

——《耳箴》

[释义]不要认为自己怎么了不起,就不佩服人家的优点。不要自认为有了不起的才能,就不佩服人家的长处。

勿吐无益身心之语,勿为无益身心之事。

——《格言联璧·持躬类》

[释义]莫要讲对身心不利的话,不要做无益身心的事。

勿谓寸阴短,既过难再获。

——《丽己》

[释义]说明人要珍惜时间。

勿以独见而违众。

——《心书》

[释义]不要以自己的意见强加于大家。

勿以恶小而为之,勿以善小而不为。

——《三国志·蜀书》

[释义]一件不好的事情,尽管很小,也不要去干;一件好事,虽然很小,也要去做。

勿以身贵而贱人。

——《六韬·立将》

[释义]不能因为自己地位高就看不起别人。

勿以人负我而隳为善之心。

——《荆园小语》

[释义]不要因为别人对不起自己而毁了做好事的心。

勿以小恶弃人大美,勿以小怨忘人大恩。

——《西岩赘语》

[释义]不要因为小过失而看不到人家的美德,不要因为小怨恨而忘掉人家的大恩德。

勿以小事而忽大,大小必求合义。

——《薛文清公从政录》

[释义]不能光顾小事而忽视了大事,事情无论巨细都要符合

大义。

务闻其过,不欲闻其善。
——《战国策·燕策》

[释义]多听听别人对自己过错的批评,不要只听别人谈论自己的长处。

务言而缓行,虽辩必不听。
——《墨子·修身》

[释义]只注意于说话而迟迟不加以实践的人,即使他说得再有理,也不要听他的。

务于远者,或失于近;治其外者,或患生乎内。
——《抱朴子·广譬》

[释义]好高骛远的人,往往失于近在眼前的事物;专顾外表修饰的人,往往疏于克制内心的邪念。

物暴长者必夭折,功卒成者必亟坏。
——《资治通鉴·汉纪》

[释义]长得太快的东西必然容易夭折,急于求成的事情必然很快失败。

物极则反,器满则倾。
——《上武后疏》

[释义]事物发展到了极点,便会向相反的方面转化;器皿装得太满,就会倾溢。

物盛而衰,乐极则悲。
——《淮南子·道应训》

[释义]事物发展到极点就转向衰败,欢乐之极就转向悲哀。

物有所不足,智有所不明。
——《卜居》

[释义]事物总有它的不足之处,聪明的人也总会有不明智的地方。

恶恶疾其始;善善乐其终。
——《穀梁传·僖公十七年》

[释义]憎恶丑恶的东西,应该开始于它萌生的时候;热爱美好的东西要始终如一,坚持到最后。

恶之者众,则危。
——《荀子·正论》

[释义]憎恶他的人多了,这个人就危险。

X

习恶不移为下愚,移于恶即非下愚。

——《陈确集·瞽言》

[释义]如果恶习不改,就是最愚蠢的人;能改,就不是了。

习勤忘劳,习逸成惰。

——《西沤外集·药言剩稿》

[释义]习惯于勤奋,就会忘掉劳苦;习惯于舒适,就会养成懒散的作风。

习俗移人,贤者不免。

——《荀子·儒效》

[释义]风俗习惯会改变人的意志,安而久之,还会改变人的本质。

习闲成懒,习懒成病。

——《颜氏家训》

[释义]习惯于闲散的生活,就会变得懒惰;懒惰惯了,就会得病。

喜时之言多失信,怒时之言多失体。

——《安得长者言》

[释义]高兴时说的话不容易兑现,愤怒时说的话常常不得体。

喜闻人过,不若喜闻己过;乐道己善,何如乐道人善。

——《格言联璧·接物》

[释义]喜欢听人家的缺点错误,不如多听听别人给自己指出的缺点错误;喜欢谈自己的长处,哪如谈别人的长处。

狎甚,则相简;庄甚,则不亲。

——《孔子家语·好生》

[释义]太随便了,就会相互看不起;太庄严了,就会互不亲近。

先谋后事者昌,先事后谋者亡。

——《意林·太公金匮》

[释义]先周密思考之后再行动,就会胜利;先行动而后再思考

就会失败。

先事虑事,先患虑患。

——《荀子·大略》

[释义]事情到来之前就应考虑好事情发生后怎么办,祸患到来之前就应考虑到应该如何预防。

贤而多财,财损其志;愚而多财,则益其过。

——《汉书·疏广传》

[释义]贤良的人财产过多,就会使他的意志衰退;愚鲁的人财产过多,就会使他的过失增多。

贤人之言,未必可尽信;愚人之言,未必可尽弃。

——《钱公良测语·导儒》

[释义]贤人说的话不一定句句可信;愚鲁人说的话,不一定里边没有可采纳的东西。

贤士不以耻食,不以辱得。

——《韩诗外传》

[释义]有德行的人不会为了求得俸禄,甘心忍受羞耻;不会为了获得名利,甘心蒙受污辱。

贤者见其远,不肖者见其近。

——《陈确集·别集》

[释义]贤者能从远处着眼,而不肖者则只看眼前。

贤者,以其昭昭使人昭昭。

——《孟子·尽心下》

[释义]贤人教导别人,必先使自己对问题有透彻理解,然后才能去开导别人明白事理。

贤者之所不足,不若众人之有余。

——《淮南子·修务训》

[释义]贤者的短处,比不上一般人的长处。指贤者有所短,一般人有所长。

相鼠有皮,人而无仪;不死何为?

——《诗经·鄘风》

[释义]老鼠还有一张护身皮,而人却反倒不顾尊严,没脸没皮;既然没脸没皮,还活个什么劲儿呢?

相形不如论心,论心不如择术。

——《荀子·非相》

[释义]看人的容貌,不如评判他的思想;判断他的思想,不如看看他的行为。

小不忍,以致大乱焉。

——《诗经·毛诗·缁衣》

[释义]小事不能忍耐,必定会出大乱子。

小功不赏,则大功不立。
——《素书》

[释义]立了小功不奖赏,就没有人立大功了。

小人固当远,然亦不可显为雠敌;君子固当亲,然亦不可曲为附和。
——《剃园小语》

[释义]对小人应当疏远,然而不能成为仇敌;对君子应当亲近,但也不可不分清是非。

小人好恶以己,君子好恶以道。
——《宋元学案》

[释义]小人的爱好和憎恶全凭一己私利,君子的爱好和憎恶依据大道。

小人其心,君子其饰,名是而实非,其天下之大害乎。
——《薛方山纪述》

[释义]品质低下,却穿着正派人的服饰,名不符实,这是天下最大的祸害啊!

小人无朋,惟君子则有之。其故何哉?小人所好者禄利也,所贪者财货也。
——《朋党论》

[释义]小人没有朋友,只有君子才有朋友。为什么呢?因为小人所追求的是升官发财。

小人以泣售奸。
——《野获编》

[释义]浅薄不正派的人用哭泣骗人,以实现其奸计。

小人之未得志也,尾尾焉;一朝而得志也,岸岸焉。
——《郁离子·小人犹膏》

[释义]小人不得志时,就垂头丧气,一旦得志就趾高气扬。

小人之誉人,反为损。
——《淮南子·说山训》

[释义]被小人所称赞,反而使自己受到损害。

小人智虑险,平地本太行。
——《赠别崔纯亮》

[释义]小人用心阴险,表面温文尔雅,内心却像太行那样险恶。

小善虽无大益,而不可不为。
——《抱朴子·君道》

[释义]小的好事虽然没有什么大益处,但不可以不做。

小水长流,则能穿石。
——《通俗编·地理》

[释义]一点一滴的细水长流,能滴穿岩石。比喻一点一滴、持续不断地做一种工作,就能成功。

小怨不赦,则大怨必生。

——《素书》

[释义]小的怨恨不宽恕,大的怨恨就会产生。

孝于亲则子孝,钦于人则众钦。

——《省心录》

[释义]你对父母孝顺,你的子女对你也孝顺;你敬重别人,别人也敬重你。

孝子不生慈父之家。

——《慎子》

[释义]对子女溺爱的家庭,不会有孝子。

心不清则无以见道;志不确则无以立功。

——《省心录》

[释义]心里有杂念就不能发现真理;志向不坚定的就不能建功立业。

心不专一,不能专诚。

——《淮南子·主术训》

[释义]心中杂念很多,就无法集中精力做事。

心为万事主,动而无节则乱。

——《傅子·正心篇》

[释义]人的思想是指挥人的行动的,对错误的思想不加以约束、克服,就会干不好的事。

心未滥而先谕教,则化易成也。

——《汉书·贾谊传》

[释义]趁孩子的心灵纯洁的时候就给予教育,他就容易学成。

心真出语直,直心无背面。

——唐·寒山

[释义]心地真诚,说出的话就直爽,心地坦直,就表里如一,不会背后另说一套。

信不弃功,知不遗时。

——《战国策·赵策》

[释义]信义之士不会不去建立功业,明智之士不会放弃时机。

信不足,安有不信。

——《老子》

[释义]你不讲信用,别人就对你不信任。

信欺在性,不在亲疏。

——《潜夫论·本政》

[释义]诚信和欺诈在于本性,而不在亲疏远近。

行莫于谨敬。

——《新语》

［释义］做事最重要的是谨慎。

行欲先人,言欲后人。

——《曾子·修身》

［释义］事要做在别人前面,话要说在别人后面。

形相虽恶,而心术善,无害为君子也。

——《荀子·非相》

［释义］相貌丑陋而心地善良的人,仍不失为道德高尚的人。

性清者荣,性浊者辱。

——《啄木诗》

［释义］内心纯洁的人受人尊敬,内心混浊的人自招耻辱。

兄弟谗阋,侮人百里。

——《国语·周语》

［释义］兄弟们尽管在家里相争,但遇到外人来欺负时就要共同合作,一致对外。

修其善则为善人,修其恶则为恶人。

——《法言·修身》

［释义］学好就会成为好人,学坏就会变成坏人。

修其身而后交,善其谋而后动。

——《法言·修身》

［释义］先把自身改造好,再结交朋友;先计划周至,再去行动。

朽木,不可雕也;粪土之墙,不可圬也。

——《论语·公冶长》

［释义］朽烂的木头,不能雕刻;粪土垒起的墙壁,不能粉刷。比喻不堪造就的人,用不着去培养他。

须知胜友真良药,莫作寻常旅聚看。

——《瞿武耜集·留别不帆·即用前韵》

［释义］要知道敢于指出你缺点的朋友,就像良药可治病,你不要把这种朋友看成萍水相逢的人。

虚心接人,则于人无忤;自满者反是。

——《薛文清公读书录·接物》

［释义］待人谦虚谨慎,和别人不会产生抵触;如果骄傲自大,其后果正相反。

蓄疑败谋,怠忽荒政。

——《尚书·周官》

[释义]如果不能决断,其谋略必定失败;如果玩忽职守,必然事业荒废。

学而不能行,谓之病。

——《庄子·让王》

[释义]学了知识而不能去实践,这叫做"弊病"。

学而不思则罔,思而不学则殆。

——《论语·为政》

[释义]只是读书,却不动脑筋思考,就会茫然不解;只是空想而不去读书,就会疲惫而无所获。

学然后知不足,教然后知困。

——《礼记·学记》

[释义]学习之后,才知道自己的欠缺;教,然后体会到自己知识的贫乏。

学者贵于行之,而不贵于知之。

——《答孔文仲司户书》

[释义]学者贵在能将学到的知识运用到实践中去,而不仅仅是了解知识。

Y

言悖而出者，亦悖而入。
——《礼记·大学》

[释义]你对人家讲不通情理话，人家也会用同样的话来回敬你。

言必虑其所终，而行必稽其所敝。
——《礼记·缁衣》

[释义]说话要考虑它的后果，做事一定要想到它的不利方面。

言必顾心，心必副事。
——《奏无论救书事条状》

[释义]言词必须符合心里所想的，心里所想的必须和所说的相一致。

言必可行，行必可言。
——《新书·大政上》

[释义]能够付之行动的话才说，已经做出的事情就不怕说出来。

言必信，行必果。
——《论语·子路》

[释义]说出的话一定要算数，行动起来一定要坚决。

言必有防，行必有检。
——《中论》

[释义]说话不可信口开河，做事应当有所检点。

言不苟出，行不苟为。
——《淮南子·主术训》

[释义]言谈举止都要经过深思熟虑，不能随随便便。

言不取苟合，行不取苟容。
——《战国策·秦策》

[释义]言行都应有自己的观点、立场，不随便附和别人。

言不贵文，贵于当而已。
——《二程粹言·论学篇》

[释义]说话不贵言词华丽动听，而贵在得体。

言声不惭,行不耻。

——《法言·学行》

[释义]言语应当诚挚,行为应当正直。

言不欺心,言所以喻心;言心相离,则不祥也。

——《吕氏春秋》

[释义]不要说假话,说话是为了让人知道你的心,如果心口不一,就有危险了。

言不妄发,发必当理。

——《朱子语类》

[释义]话不能随随便便就脱口而出,一旦讲了,必然在理。

言不信者,行不果。

——《墨子·修身》

[释义]讲话不讲信用的人,也就难以成事。

言不中,行不谨,辱也。

——《中说·王道篇》

[释义]夸夸其谈而不着边际,行为又不谨慎,其结果便会招来耻辱。

言出于口者,不可止于人。

——《淮南子·人间训》

[释义]自己说出的话,要想不让别人去说,这是不可能的。

言当以执两为兼听,而不以狐疑为兼听也。

——《默觚·治策》

[释义]能把两种不同意见加以选择比较,叫做兼听,而不能把犹豫叫做兼听。

言当以达聪为独断,而不可臆决为独断也。

——《默觚·治篇》

[释义]应把善于集中正确的意见称为独断,而不能把个人的主观臆断称为独断。

言道听之,必以其事观之,则言者莫敢妄言。

——《治安策》

[释义]听取意见的方法,必须以事实考察它是否真实,那么提意见的人,就不敢胡言乱语了。

言而不信,何为言?

——《穀梁传·僖公二十二年》

[释义]说话不算数,还能算是话吗?

言而当,知也;默而当,亦知也。

——《荀子·非十二子》

[释义]话说得正当,这叫做明

理;在不应该说话的时候保持沉默,这也叫做明理。

言,顾行;行,顾言。

——《礼记·中庸》

[释义]说的时候,要想到自己能否做到;做事的时候,要想想自己曾经说过的话。

言寡尤,行寡悔。

——《论语·为政》

[释义]说话少有失口,做事少有失悔。

言美则响美,言恶则响恶。

——《尸子》

[释义]言谈美好,那么反应也美好;言论恶劣,那么反响也是恶劣的。

言虽至当,言于必不受言之人,便是妄言。之人,便是妄言。

——《西岩赘语》

[释义]话虽然说得非常正确,但对不听劝告的人说,便是乱说。

言毋听谗,听谗则失士。

——《管子·外言》

[释义]不要听信谗言,否则,就要失去人才。

言行不类,终始相悖。

——《逸周书·官人》

[释义]言行不一,事情的结果就会和开始时相违背。

言行相诡,不祥莫大焉。

——《吕氏春秋·淫辞》

[释义]言行互相不一,这是最不吉祥的。

言以简为贵。

——《二程粹言·心性篇》

[释义]说话贵在简明扼要。

言以忘得,交以淡成。

——《赠温峤》

[释义]忘掉语言才能理解语言所表达的意思;清淡的结交才能长久牢固。

言有物,而行有恒。

——《易经·咸传·家人》

[释义]说话要有内容,做事要持之以恒。

言语之恶,莫大于造诬;行事之恶,莫大于苛刻。

——《呻吟语·补遗》

[释义]没有比造谣诬蔑更可恶的言语了,没有比做事苛刻更可恶的行为了。

言之甘,其中必苦。

——《国语·晋语》

[释义]甜言蜜语里,必定有苦的东西。

言之于口,不若行之于身。

——《渔樵对问》

[释义]嘴上说得头头是道,倒不如自己努力去实践。

言之者无罪,闻之者足以戒。

——《诗经·毛诗·周南关雎》

[释义]说话的人没有罪过,听话的人应当引起警惕。

言忠信,行笃敬。

——《论语·卫灵公》

[释义]说话应当出自内心,诚挚忠信,行为要专一、谨慎。

炎炎者灭,隆隆者绝。

——《汉书·扬雄传》

[释义]不可一世的人,将走向灭亡的道路。

羊质虎皮者辱。

——《素书》

[释义]徒有外表而无实质的人应当感到羞耻。

扬汤止沸,莫若去薪。

——《后汉书·董卓传》

[释义]如果用扬起开水的办法去水的沸腾,倒不如从灶里抽出柴火。比喻解决问题应从根本上着手,否则就会徒劳无功。

仰不愧于天,俯不怍于人。

——《孟子·尽心上》

[释义]仰起头来看看觉得自己对天无愧,低下头去想想觉得自己不愧于别人。说明做人要光明磊落,问心无愧。

养其心莫善于诚。

——《群书治要·体论》

[释义]培养自己的心,最重要的是要培养诚挚的品德。

业精于勤,荒于嬉;行成于思,毁于随。

——《进学解》

[释义]精通学业在于勤奋,学业的荒废由于游戏玩乐;事业的成功在于深思熟虑,事业的失败在于因循随便。

一毫之善,与人方便;一毫之恶,劝君莫作。

——《劝世》

[释义]对人有一点好处的事都要去做;对人有一点坏处的事都不要去做。

一年之计在于春，一日之计在于晨。

——《簪云》

[释义]一年的收成在于春天的种植，一天的学习在于早晨的用功晨读。

一犬吠形，百犬吠声，世之疾此，固久矣哉。

——《潜夫论·贤难》

[释义]一只狗叫，群犬闻声跟着叫，这是世上很久以来常见的弊病。比喻没有主见，盲目随声附和是一种坏习惯。

一死一生，乃知交情；一贫一富，乃知交态。

——《说苑·说丛》

[释义]生死关头见友谊之忠贞，贫富之间、地位高低之间的交往都是对友谊的考验。

衣不如新，人不如故。

——《古艳歌》

[释义]衣服还是新的好，人（指妻子），还是原来的好。

衣冠不正，朋友之过。

——《通俗编》

[释义]一个人衣帽不正，是朋友的过错。比喻人有了缺点，朋友最清楚，朋友之间要相互指正缺点，相互帮助改正彼此的错误。

疑人莫用，用人莫疑。

——《英烈传》

[释义]对人不信任，就不要任用；既然任用了，就不应该对他产生怀疑。

以财交者，财尽而交绝；以色交者，华落而爱渝。

——《战国策·楚策》

[释义]用金钱所交的朋友，待钱财花光时友谊就会断绝；以图美色而结合的，待人老珠黄时爱情就会消失。

以财事人者，财尽而交疏。

——《太平御览·人事》

[释义]用财物服侍别人的人，财物一完交情也就完了。

以势交者，势倾则绝；以利交者，利穷则散。

——《文中子·礼乐篇》

[释义]以权势和利益作为友谊基础的，等到权势和利益没有了，友谊也就丧失了。

以信待人，不信思信；不信待人，信思不信。

——《傅子·义信篇》

[释义]对人诚实守信,即使别人原先不信任的,也会转为信任。相反,对人不讲信用,即使别人原先信任的也会变成不信任。

以直报怨,以德报德。

——《论语·宪问》

[释义]以公正无私来回报责备你的人;以恩惠去报答对你有恩惠的人。

义动君子,利动贪人。

——《后汉书·班固列传》

[释义]正义能够感动有道德的人,利益只能动摇贪财的人。

逸者,智之毒也;惧者,勇之仇也。

——《名言》

[释义]安逸是智慧的危害;胆怯是勇敢的仇敌。

因喜用赏,赏不必当;因怒用罚,罚不必当。

——《钱公良测语上·治本》

[释义]一时高兴而去奖赏,这种奖赏不一定得当;凭一时愤怒而去惩罚,这种惩罚也不一定得当。

忧人太过,以德取怨。

——《资治通鉴·汉纪》

[释义]如果批评别人的错误说得太重了,反而不易被人所接受,同时引起人家的抱怨。

由俭入奢易,由奢入俭难。

——《训俭示康》

[释义]由俭朴转变成奢侈容易,而由奢侈再想变回俭朴可就难了。

有德者必有言,有言者不必有德。

——《论语·宪问》

[释义]有德的人必然能够立言,但能立言的人不见得道德高尚。

有德者昌,恃力者亡。

——《史记·商君列传》

[释义]有道德的人昌盛,倚仗武力的人灭亡。

有功不赏,为善失其望;奸回不诘,为恶肆其凶。

——《资治通鉴·汉纪》

[释义]如果对有功的人不给以奖励,做好事的人便觉得没有希望;要是对奸邪之徒不给以惩治,做坏事的人就会愈加疯狂。

有过而讳言,适重其过;因言而遽改,适彰其美。

——《西畴老人常言》

[释义]有了过错而怕别人指出,这是错上加错;人家指出以后马上就改,正是发扬自己的美德。

有其言,无其行,君子耻之。

——《礼记·杂记下》

[释义]光说不做,这是君子引以为耻的事情。

有容德乃大。

——《尚书·君陈》

[释义]宽容大度是伟大的德行。

有善必闻,有恶必见。

——《潮州刺史谢上表》

[释义]做了好事,必然有好的名声;做了坏事,也必然要暴露。

有则改之,无则加勉。

——《朱子全书·论语》

[释义]当人家批评你的时候,对的就改正,说的不是事实,也可以作为勉励。

有诸己不非诸人,无诸己不求诸人。

——《淮南子·主术训》

[释义]自己聪明,不轻视不如自己的人;自己没有独见之明,也不加罪于别人。

鱼失水则亡,人失道则丧。

——《素履子·履道》

[释义]鱼离开了水就会死掉,人要失去了德性也会导致灭亡。

愚者暗于成事,智者见于未萌。

——《战国策·赵策》

[释义]愚钝的人对已经出现的事情还不明白,而明智的人在事情还没有露出苗头时,就已经觉察到了。

愚者惑于小利而忘其大害。

——《淮南子·泰族训》

[释义]愚蠢的人总是被蝇头小利迷住心窍,而忘记了大害。

愚之患在必自用。

——《吕氏春秋》

[释义]愚蠢的人致命弱点,就是专凭自己的主观意图去办理事情。

与多疑人共事,事必不成;与好利人共事,己必受累。

——《西岩赘语》

[释义]和疑心重的人共事,事情肯定不能成功;和贪婪的人共事,自己必然要受到连累。

与人交,不为人所信,义未

至也。

——《意林·申鉴》

[释义]和人交朋友,还没有被人所信任,这是因为自己对人还不能诚心实意。

与善人游,如行雾中;虽不濡湿,潜自有润。

——《抱朴子·微旨》

[释义]和高尚的人交游,好像在浓雾中步行;虽然没有被沾湿,但也不知不觉地被滋润了。

与邪佞人交,如雪入墨池,虽融为水,其色愈污。

——《樵谈》

[释义]和不好的人交往,就像把雪放进墨池里,雪化成水后,它的颜色也显得更肮脏了。

与智者言依于博,与博者言依于辩,与辩者言依于要。

——《鬼谷子·量权篇》

[释义]跟有智慧的人说话,要有渊博的常识;和渊博的人说话,要依靠善辩;与善辩的人说话,要凭借简要取胜。

语人之短不曰直,济人之恶不曰义。

——《省心录》

[释义]议论别人的缺点,这不能算直爽;帮人干坏事,这不能算见义勇为。

欲速则不达,见小利则大事不成。

——《论语·子路》

[释义]图快反而达不到目的;只把眼光盯在小利上,就无法成就大事业。

欲信人者必先自信,欲知人者必先自知。

——《吕氏春秋·先己》

[释义]要想信任别人,首先必须自己相信自己;要想了解别人,首先要有自知之明。

欲修其身者,先正其心。

——《礼记·大学》

[释义]想要修养自身,首先要端正自己的心。

欲知己过,要纳谠言。

——《太平广记·诏佞》

[释义]要想知道自己的过错,就应当虚心听取别人的善意批评。

欲知其人,视其朋友。

——《邹子》

[释义]要想知道一个人如何,就看看他结交的是什么样的人。

遇事无礼,不可以得贤。
——《淮南子·说林训》

[释义]对贤士不能以礼相待,就得不到贤士的辅佐。

渊深而鱼生之,山深而兽往之。
——《史记·货殖列传序》

[释义]水深有鱼,山深有兽。比喻只有好的环境,更有助于人才的成长。

怨亲不怨疏。
——《合欢衫》

[释义]宁可让亲密的人抱怨,不可让疏远的人抱怨。

怨天者无志。
——《荀子·荣辱》

[释义]怨天尤人是没有志气的表现。说明人的成败,主要靠自己努力奋行。

越自尊大,越见器小。
——《西岩赘语》

[释义]自己越觉得了不起,就越证明没有什么才能。

Z

在上位，不凌下；在下位，不援上。

——《礼记·中庸》

[释义]自己地位高，不欺凌地位低的人；自己地位低，不攀附地位高的人。

攒矢而折之，不若分而折之易易也。

——《郁离子》

[释义]与其把箭聚在一起，倒不如把箭分开来容易折断。说明处理难办的事情，要想法各个击破，分而治之。

责人者，必先自责；成人者，必先自成。

——《钱公良测语下·规世》

[释义]要想批评别人，首先要自我批评；要想帮助别人，首先要自己做好。

责人者不全友，自恕者不改过。

——《省心录》

[释义]喜欢指责别人的人，不能保全友谊；喜欢宽恕自己的人，不能改正错误。

责我以过，当虚心体察，不必论其人何如。

——《荆园小语》

[释义]不论是什么人，只要他提的意见对，就应当虚心接受。

朝闻道，夕死可矣。

——《论语·里仁》

[释义]早上懂得做人的道理，即使晚上死了也值得。

知耻近乎勇。

——《礼记·中庸》

[释义]知道羞耻，也就近于勇敢了。

知而不行，只是未知。

——《语录·传习录上》

[释义]学了知识，而不实践，这等于没有学到知识一样。

知而弗为，莫如勿知。

——《孔子家语·子路初见》

[释义]既然知道了道理不去实行，还不如不知道。

知过而能改，闻善而能用。

——《二程粹言·论学篇》

[释义]知道自己的过错能改掉它，听到别人好的建议能采纳它。

知过之谓智，改过之谓勇。

——《陈确集·别集·瞽言》

[释义]自己有错而知道省悟，叫做聪明；有错能努力改正，叫做有勇气。

知人之难，莫难于别真伪。

——《傅子·阙题》

[释义]了解一个人难就难在辨别真假。

知无不言，言无不行。

——《策略第三》

[释义]只要是自己知道的就没有不说的，说了就一定要做到。

知一不难，难在于终。

——《太平御览》

[释义]学习一点东西不难，难在能否坚持到最后。

知之为知之，不知为不知，是知也。

——《论语·为政》

[释义]知道的就承认已经知道了，不知道的就是不知道，这就是聪明智慧。

知止所以不殆。

——《老子》

[释义]知道适可而止，就不会危困。

知者行之始，行者知之成。

——《传习录》

[释义]认识是行动的开始，行动是认识的完成。

知而不知，尚矣；不知而知，病也。

——《淮南子·原道训》

[释义]聪明而不自以为聪明，这是最聪明的；不聪明而自作聪明，这是最大的毛病。

直而不倨，曲而不屈；迩而不逼，远而不携。

——《左传·襄公二十九年》。

[释义]刚直而不傲慢,委婉而不屈不挠,亲近而不互相逼迫,疏远而不离心。

直木先伐,甘井先竭。

——《庄子·山木》

[释义]长得笔直的树木,最先被砍伐;甘甜的水井,一定会最早枯竭。

直言不闻,则己之耳目塞。

——《傅子·通志篇》

[释义]听不到直言进谏的话,自己就会耳目闭塞,情况不明。

止谤莫如修身。

——《中论·虚道》

[释义]要禁止别人诽谤你,最好的办法就是加强自我修养。

志不可慢,时不可失。

——《论王霸札子》

[释义]意志不可懈怠,时机不可丧失。

志不彊者智不达,言不信者行不果。

——《墨子·修身》

[释义]意志不坚强的人,智慧不能得到发挥;说话不诚实的人,做事不会有成果。

志合者,不以山海为远;道乖者,不以咫尺为近。

——《抱朴子·博喻》

[释义]志同道合的人,就是彼此在天涯海角,也不觉得远;貌合神离的人,纵然只有咫尺之隔,也觉得距离很远。

志士惜日短,愁人知夜长。

——《杂诗三首》

[释义]有志之士惋惜白天太短,而忧愁的人感叹黑夜太长。

志小不可以语大事。

——《陆象山先生语录》

[释义]对胸无大志的人,不能谈论伟大的事业。

治家严,家乃和;居乡恕,乡乃睦。

——《蕉窗日记》

[释义]治家严谨,家庭就和睦;与邻里相处宽厚,邻里间就和睦。

治人不治,反其智。

——《孟子·离娄上》

[释义]我管理别人,可是没管好,那得反问自己,是不是能力不足。

治外物易,治己身难。

——《仲蒙子·治难》

[释义]修正外人、外事容易,修正自己的毛病就相对难了。

智不重恶,勇不逃死。
——《说苑·立节》

[释义]聪明的人不重犯过去的罪过,勇敢的人不怕死。

智而好谋必成。
——《太平御览·人事部》

[释义]有智慧又喜欢思考的人,必然成功。

智而能愚,则天下之智莫加焉。
——《郁离子·大智》

[释义]聪明的人不自以为是,这就是天下最大的智慧了。

智莫难于知人。
——《孔子家语·观周》

[释义]最大的智慧在于知人。

智士日千虑,愚夫唯四愁。
——《孟东野诗集·百忧》

[释义]聪明的人常常思考应当如何奋发有为,而愚蠢的人唯有常常愁闷叹气,毫无作为。

智者不失人,亦不失言。
——《论语·卫灵公》

[释义]有智慧的人既不会失掉人才,也不会说不该说的话。

智者不为小利移目。
——《三国志·蜀书·谯周传》

[释义]聪明的人绝不因为蝇头小利而改变自己的视线和志向。

智者弃其所短,而采其所长,以致其功。
——《潜夫论·实质》

[释义]聪明的人弃己之短,取人所长,以成就自己的事业。

智者千虑,必有一失;愚者千虑,必有一得。
——《史记·淮阴侯列传》

[释义]即使智慧的人,考虑上千次,总有一次是失算的;即使愚笨的人,考虑上千次,也必定有一次是对的。

忠信,所以进德也。
——《易经·乾传》

[释义]如能诚挚有信,就会提高自己的道德品质。

忠信者,交之庆也。
——《管子·戒》

[释义]如果能以忠信的心去交朋友,看到朋友的优点,必然要引为高兴的。

终身为善不足,一旦为恶

有余。

——《西畴老人常言》

[释义]一辈子做好事,也嫌不够;一旦做一件坏事,也是太多了。

终身为善,一言则败之。

——《孔子家语·颜回》

[释义]就是做了一辈子好事,如果说了一句不该说的话,也会前功尽弃,因此人讲话应该谨慎。

众恶之必察焉,众好必察焉。

——《论语·卫灵公》

[释义]大家厌恶他,必须仔细考察;大家都喜欢他,也要认真考察。

众口毁誉,浮石沉木。

——《陆贾新语》

[释义]说明流言蜚语可以混淆是非、颠倒黑白,有很大的欺骗作用。

众口铄金,积毁销骨。

——《史记·张仪传列》

[释义]众口一词,连金属也会被熔化;接二连三的毁谤,久而久之足以致人于毁灭之地。比喻流言蜚语多了,毁者无以自存。

众以亏形为辱,君子以亏义为辱。

——《尸子》

[释义]平庸的人以身体残疾引以为耻,而君子却认为有负大义才是真正的耻辱。

重义如泰山,轻利如鸿毛。

——《傅子·阙题》

[释义]视大义像泰山那样重,视财利如鸿毛那轻。

骤长之木,必无坚理;早熟之禾,必无嘉实。

——《耻言一》

[释义]骤然长起的树木,必然没有坚硬的木质;过早成熟的庄稼,必然结不了好的果实。比喻急于求成,必然失败。

自卑而尊人,先彼而后己。

——《诫儿侄八百字》

[释义]待人接物,应该自谦,尊重别人,先他人而后自己。

自奋则人莫之告,人莫之告则孤而无辅。

——《列子·说符》

[释义]自以为比别人高明的人,就得不到别人的帮助,因此就会孤立无援。

自家有过,人说要听;当局者迷,旁观者醒。

——《养正遗规》

[释义]自己有了缺点过失，要接受别人的批评；当事人往往迷惑，而旁观的人往往清醒。

自满者败，自矜者愚。

——《省心录》

[释义]自满的人要失败，自大的人必定愚昧。

自谦则人愈服，自夸则人必疑。

——《荆园小语》

[释义]自己谦虚，人家就愈信服你；自我夸耀，别人必定怀疑。